Au jardin de ma vie

Chez le même éditeur

En confidence, Michel Fugain, septembre 2018.

Gilbert Montagné

Au jardin de ma vie

Flammarion

ISBN : 978-2-0814-3646-6

NOTE DE L'ÉDITEUR

Artistes, créateurs, artisans... Toutes les personnes que nous admirons pour leur art et les valeurs qu'elles défendent, connaissent une vie (presque) comme la nôtre. Leur exposition médiatique les rend différentes mais, tout comme nous, elles peuvent connaître la joie, le succès, la richesse, mais aussi la tristesse, l'échec, la souffrance...

J'ai souhaité donner la parole à ces personnalités qui nous touchent. Elles ne se posent ni en modèles, ni en experts existentiels et ne donnent aucune leçon. Elles partagent simplement leur expérience, en portant sur leur vie, un regard à la fois introspectif et distancié.

Comment chacune d'elle a développé son potentiel, dépassé ses faiblesses voire ses handicaps ? Quels événements a-t-elle eu à affronter et à transcender ? Y a-t-il eu des épisodes fondateurs ? Des mentors ? Quelles valeurs a-t-elle envie de transmettre ? Comment la vie l'a-t-elle modelée ? À l'inverse, comment a-t-elle façonné son existence ? Dans notre quête de sens, ces personnalités publiques peuvent nous guider.

Qu'une parole libre et sincère se dégage de leur témoignage et nous éclaire sur les grandes et petites choses de la vie !

Florence Lécuyer
Directrice éditoriale

Sommaire

Chapitre 1

Le travail d'une vie, c'est d'en appréhender chaque seconde

On a deux vies, et la deuxième commence quand on se rend compte qu'on n'en a qu'une

Confucius

Le travail d'une vie

[illegible]

[illegible]

J'aime viscéralement la transparence, la spontanéité, la fluidité, la véracité des êtres et des choses. Toutes ces composantes rendent la vie plus douce, plus légère et moins insupportable. Elles donnent des clés précieuses pour aplanir les difficultés et dissiper les doutes ; elles me permettent d'aller à l'essentiel et constituent mon socle.

Dès les premiers instants, ma vie a été belle. Avec des fées, des anges gardiens – appelez-les comme vous voudrez ! – qui ont veillé sur moi et continuent de le faire. Pourtant, cela n'avait pas commencé sous les meilleurs auspices. Mais personne n'a jamais dit que l'aventure de la Vie sur Terre serait facile ! Pour moi, les choses m'ont semblé, pour le moins, aisées. J'ai tant reçu ! À commencer par l'amour incommensurable et infaillible que je n'ai jamais cessé d'engranger. De Jeanne et Robert, mes parents, d'abord. De Jeanine, Michel et Claudine, mes frère et sœurs, ensuite. D'Éric et de Nicolas, mes fils. De Nikole, mon amour, mon ange gardien en chef, qui m'a appris à recomposer ma famille dans l'harmonie avec mes enfants de cœur Julien, Cécile et Maya et à multiplier les petits et grands bonheurs qu'elle m'apporte chaque jour que Dieu fait. Et que dire de l'amour de mes amis, que je choisis par nature avec exigence ! Et de celui du public ! Au fil des ans, il est devenu un ami complice avec lequel je partage de belles connivences et pas uniquement sur le plan artistique. Toutes ces personnes qui me suivent et m'accordent leur confiance ont fait de moi l'homme que je suis. Oui, j'attache une importante capitale aux rapports humains, aux échanges, aux confidences, aux liens tissés, à la libre circulation des sentiments et des émotions. J'aime recevoir et donc donner. Je montre. Je dévoile. Je confesse et confie. Je livre et me livre. Et tant pis si j'apparais comme trop sensible, trop simple – compliment suprême –, trop prévisible... En un mot, on peut lire en moi comme dans un livre ouvert. Et c'est heureux. Je me targue d'être habile dans la réciprocité. L'exercice me passionne : aller voir ce qui se trame dans le cœur des gens, sonder leur âme, percer leur mystère, débusquer leurs failles pour les mieux apprivoiser, et les aider, peut-être. Voir ce qu'ils ont dans le ventre, comme on dit familièrement, me procure un réel plaisir. Ce n'est pas du voyeurisme, le comble pour un non-voyant ! La curiosité et l'intérêt pour l'autre, la qualité d'écoute, je sais faire et j'aime faire. Une grande chance, je le reconnais. Je n'en tire aucune gloire. Cette faculté, je l'ai en stock depuis toujours. La connaissance de l'autre me nourrit et m'aide à avancer.

Mais moi ? Suis-je à même de relire ma propre histoire avec autant de facilité ? Le travail d'une vie, déjà bien accomplie, n'est-ce pas d'en appréhender chaque seconde ? L'injonction de Socrate, *Connais-toi toi-même*, je vais l'appliquer à la lettre. La sagesse consiste à apprendre à se ressouvenir. Pour la première fois de mon existence, je vais tenter de dérouler le fil pour revenir à la genèse.

Ce projet s'annonce jubilatoire car, pour moi, le temps est venu de revisiter ma propre vie. Et de saluer ma belle étoile, celle qui a bien voulu cheminer à mes côtés. Pendant six décennies, elle a été une compagne fidèle, assidue et efficace et les quelques éclipses qu'elle s'est octroyées ne m'ont jamais chagriné. J'aurais mauvaise grâce à me plaindre. De quoi, d'ailleurs ? De ne pas voir ? Nous y voilà ! J'ai toujours un mal de chien à le faire comprendre : je n'ai jamais vécu ma cécité comme un handicap. Non, je ne rêve pas de VOIR comme vous, les voyants, car je VOIS comme moi, un non-voyant. Et c'est très bien comme ça.

Bien sûr, gamin, dans mon village de l'Allier, j'étais « le ch'tit gars qui voit pas clair ». Plus tard, à la flamboyante époque de « The Fool », à peine étais-je sorti de l'anonymat que j'étais déjà enfermé à double tour dans la case des Z'aveugues, comme je l'entendais dire, enfant, dans les quartiers de Belleville et de Ménilmontant. La consonance de ce mot ne m'emballait pas ; elle m'évoquait et m'évoque toujours une infirmité que je ne saurais revendiquer. Je m'en suis expliqué maintes fois mais bon sang, cette appellation est aussi tenace qu'une étiquette impossible à décoller ! Ma cécité est un incident prévu au programme ; elle m'a mis sur le bon rail. D'entrée de jeu. À cause d'elle ou grâce à elle, je suis allé à l'essentiel. Sans perte de temps. Sans tergiversations. J'ai capté les sentiments, humé les émotions, appréhendé les êtres, les arbres, savouré le chant des oiseaux, les parfums et tout ce qui fait le monde dans lequel on vit, sans me fourvoyer dans des méandres capricieux et inutiles.

> La sagesse consiste à apprendre
> à se ressouvenir.

Cette plongée abyssale dans la réminiscence est venue me chercher à travers le joli documentaire que m'a consacré la réalisatrice Anne Dorr, intitulé *Gilbert Montagné, le visionnaire*, m'a démontré, si besoin était, que nous étions elle et moi sur la même longueur d'ondes. J'ai eu un vrai flash. J'ai aussitôt éprouvé l'envie de revivre mon premier souffle. De retourner au commencement… Comment ne pas être tenté par ce voyage onirique plein de promesses et d'interrogations aussi ?

Comment ne pas céder à la tentation de cette balade inédite dans une intériorité méconnue – et pour cause ! – mais dont je subodorais la richesse ? Pourtant est-ce si facile de devenir le spectateur de sa propre vie ? J'ai aussitôt guidé les pas d'Anne vers l'hôpital de Port-Royal. Et tout m'est apparu. Clairement. Naturellement. Tout m'est revenu par bouffées comme une lame de fond qui surgit des profondeurs et vous cueille et vous submerge. Du plus loin qu'il m'en souvienne, jamais je n'ai manqué une occasion de découvrir, d'expérimenter. Avide de connaissances, j'ai toujours été attiré par l'inédit, l'exceptionnel et toute forme de découverte ; je ne cache pas ma gratitude d'avoir la primeur d'une rencontre, d'un moment, d'un sourire que je décèle sur-le-champ, d'un baiser… Cet appétit d'ogre me fait dire que je suis un boulimique de la vie. Un gourmand et un gourmet insatiable et reconnaissant.

Toutes sirènes dehors, l'ambulance se faufile dans les rues de Paris. On m'a raconté plus tard que la première destination, l'hôpital Tenon, proche de la maison, n'avait pas pu m'accueillir. Mon état de santé avait-il été jugé trop grave pour y être admis ? L'urgence est réelle. Je n'ai pas toute la vie devant moi ! Le véhicule repart en direction de Port-Royal. C'est le service du Pr Minkovski qui m'attend de pied ferme, mais les ambulanciers s'égarent. Faut le faire !

Le compte à rebours est lancé. Le temps file et mes forces menacent de prendre le même chemin. Il leur faut, au plus vite, remettre le filet à provisions, dans lequel j'avais été déposé avec une infinie précaution mais une infime espérance, aux infirmières de garde. Enrobé d'une houppelande de ouate immaculée, je finis par arriver *in extremis* à bon port dans le service *ad hoc* pour permettre aux grands prématurés de mon espèce de ne pas flancher, de ne pas s'échapper de l'Autre Côté. Je dois ressembler à un bonhomme de neige… pas en très grande forme ; mon destin est entre leurs mains.

On prend en charge *illico presto* le grand préma de 950 grammes que je suis. En m'administrant un dosage trop élevé d'oxygène, on a cassé mes yeux. C'est ainsi que je décris la situation à mes petits-enfants et aux jeunes que je rencontre régulièrement dans les écoles. À chacune ou presque de mes interventions, une fois la glace brisée, j'ai droit à cette question, très pertinente et d'une logique implacable.

— On a cassé tes yeux, mais tu peux les faire réparer ?

— Eh bien, non, ils sont cassés pour toujours, mais ce n'est pas un drame…

J'explique alors qu'à l'hôpital, on a cassé mes yeux, certes, mais que l'on m'a sauvé la vie. C'est là que l'on m'a tout (re)donné. J'ai eu droit à ma seconde chance. Un tel cadeau, ce n'est pas rien. Et à bien y réfléchir, il ne s'agit pas d'un cadeau mais de plusieurs. Une succession de circonstances, d'amours, d'attentions, de soins, de chances, de dévouements… Et je mets tous ces mots au pluriel à dessein. Grâce à la Vie qui, bien avant cet épisode critique, avait décidé que le petit Gilbert allait passer le cap, j'étais toujours là. Parce que le petit Gilbert avait bien l'intention d'en être. Le champ des possibles, toujours lui… Grâce aussi, et surtout, à l'amour fantastique de mes parents dont je n'ai jamais su la désespérance, la tristesse, l'angoisse… Le modèle qui leur a été livré bien trop en avance – à 5 mois et demi – n'était pas conforme. Sans mode d'emploi, ils n'ont cependant pas été désarçonnés. Eux aussi, sont restés bien campés sur leur socle. Je leur ai plu. Tout de suite et tel que j'étais. Ils ont su quoi faire de moi et, disons-le, jamais songé à m'abandonner, comme le redoutait le personnel soignant sans oser le formuler. Il paraît que ces choses-là arrivent… On ne peut toutefois pas parler de « désamour », mais plutôt de découragement et de chagrin liés à l'impuissance face à l'inconnu. Fuir, c'est un moyen d'évacuer la souffrance et de se délester d'un fardeau que l'on croit trop lourd sans même le connaître. Ils étaient comme ça, mes parents. Formidables. Pugnaces. Instinctifs. Et forts. Cette force incroyable, ils me l'ont transmise. Pour eux, qui avaient déjà trois enfants, c'était l'inconnu ; moi seul le connaissais ! Et pour cause, je le vivais. J'étais comme prisonnier d'une toile d'araignée tissée pour me protéger ; elle éloignait la mort qui me guettait pour me ramener doucement à la vie. Cette toile laissait passer la vraie lumière alors qu'on aurait pu me croire dans les ténèbres.

J'étais comme prisonnier d'une toile d'araignée tissée pour me protéger ; elle éloignait la mort qui me guettait pour me ramener doucement à la vie. Cette toile laissait passer la vraie lumière alors qu'on aurait pu me croire dans les ténèbres.

Maman a accouché, à son grand étonnement et en toute hâte, sur la table de la cuisine ; on lui avait diagnostiqué un fibrome. Alors, fatalement, je n'habite pas à la maison et on me racontera plus tard mon retour dans l'appartement familial. Pour l'heure, je suis un nourrisson déjà branché et tuyauté de partout, confiné dans ma couveuse. Pas un petit berceau fonctionnel et ergonomique du XXIe siècle comme on en voit dans les reportages, non. Mais plus d'un demi-siècle après ma naissance atypique, le progrès est passé par là…

Où sont les voix de papa, maman, Michel, Jeanine et la petite Claudine ? Disparues ! Notre fratrie subit un choc d'une brutalité rare : mes frère et sœurs voient le petit dernier déguerpir sans en comprendre les raisons. Je ne suis pas certain qu'ils aient, à proprement parler, pu m'apercevoir ne serait-ce que trois secondes ni même avoir eu droit à une quelconque explication. Un accouchement n'est ni un sujet de conversation ni un spectacle pour des enfants. Dans l'urgence et l'affolement, mes parents ont dû improviser et les confier à de gentils voisins ; ça ne manquait pas.

Le développement des cinq sens du bébé commence *in utero* en suivant un ordre très précis : le toucher, le goût, l'odorat, l'ouïe et, en dernier, la vue. Il paraît que la fonction auditive d'un fœtus est en place à partir de la vingtième semaine. Des études ont démontré que, pendant la vie fœtale, le bébé perçoit les voix de son entourage et qu'il entend d'abord celle de sa mère. Le Pr Jean-Pierre Relier, ancien chef du service de médecine néonatale à l'hôpital de Port-Royal, explique que la voix maternelle est perçue deux fois plus intensément que celle du père ou d'autres personnes et ce, grâce à la transmission osseuse. Plus que les sons, c'est la tonalité de la voix qui fait réagir le bébé. Sur dix voix féminines relatant la même histoire, il discerne parfaitement la voix de sa mère. Mais moi, je n'ai pas de voix féminine qui me raconte une histoire… Je ne peux m'empêcher de me remémorer « Mon rêve familier », le superbe poème de Paul Verlaine ; ses derniers vers résonnent tout particulièrement en moi :

« Son regard est pareil au regard des statues,
Et, pour sa voix, lointaine, et calme, et grave, elle a
L'inflexion des voix chères qui se sont tues. »

Alors, non seulement, je suis privé de cette petite musique familière et rassurante, mais je baigne dans un silence quasi-total pendant trois mois et demi. Silence et résilience sont des mots qui vont très bien ensemble. Ce black-out sonore sera ponctué, sans crier gare, de toute sorte de bruits plus ou moins identifiables. Il me faut tous les interpréter, comme dans un jeu de devinettes. Ils sont annonciateurs d'événements. Rassurants ou inquiétants. Celui de ces mystérieux chariots qui, dans un cliquetis reconnaissable, roulent précipitamment vers des destinations inconnues transportant des instruments tout aussi mystérieux. Dans le roulis saccadé, des objets métalliques s'entrechoquent.

Que transporte-t-on sur ce chariot qui se rapproche puis s'éloigne ? Des médicaments, de la nourriture, du linge, du matériel ? Le bruit des pas des infirmières arpentant les couloirs ou celui de leurs échanges tonitruants qui brisent la tranquillité des lieux. Sans parler de celui de la machinerie lourde qui me surveille. Cet engin auquel je suis relié est capable de diffuser sifflements et bruissements avec une régularité infernale. Chaque signal sonore est un code qui atteste, c'est selon, un état stable ou alerte le personnel à la moindre défaillance. Cet appareil prend mon pouls en permanence et il peut enregistrer et analyser le moindre de mes gestes.

> Silence et résilience sont des mots
> qui vont très bien ensemble.

L'épaisse couche de coton qui me sert de grenouillère m'isole de tout. Des voix de ceux qui m'aiment, mais aussi de leur odeur, du grain de leur peau et… de l'amour maternel et paternel ; mes parents ne sont pas autorisés à me rendre visite de peur que des bactéries ne mettent ma vie de grand prématuré en péril, elle qui ne tient déjà qu'à un fil ! Maman vient cependant plusieurs fois par jour dans le service de néonat' de Port-Royal pour apporter son lait mais jamais elle ne pourra m'envelopper de ses bras. Elle me nourrit à distance et c'est là le lien ténu qui me relie à ma mère. Je suis à l'isolement mais paradoxalement, il ne me prémunit pas de ma force de vie. Bien au contraire. Il me protège, me met à l'abri pour que je me construise. Je me centre et me concentre instinctivement sur ma force d'y croire.

Il s'en est passé pendant ce séjour ! Trois mois et demi, c'est précisément ce qu'a duré ma première vie.

Quelque 65 ans plus tard, je me fais, comme on dit au cinéma, un sacré flash-back. Je retourne là où tout a commencé. Ce film, je suis seul à l'avoir VU. Peut-être est-il temps de le « revisionner » pour mieux le raconter aux autres et à moi-même. J'adore quand Mia, Elsa, Ava, Noé et Auguste, mes petits-enfants, me bombardent de questions, et le plaisir que j'éprouve à leur répondre est incroyable. Les voir, leur parler, les embrasser me bouleverse comme au premier jour. Je leur fais découvrir mon univers et je ne suis jamais aussi heureux que lorsqu'ils ressentent ma perception des choses. Ils sont en communion avec moi et *vice versa*. Désormais, je pourrai leur parler de mon « avant ». Cette étape de ma vie, secrète et ô combien mystérieuse à mes propres yeux, m'a façonné ; je le sais, je le sens. L'idée même que je pourrais un jour la connaître, la raconter, ne m'avait jamais traversé l'esprit. Tout ce que je n'ai jamais analysé, jamais décortiqué et qui explique aujourd'hui – j'en suis convaincu –, ma force, ma sérénité, ma foi en la Vie et cet optimisme viscéral que beaucoup m'envient. Ce chemin que j'ai choisi d'emprunter pour remonter au jardin de ma vie, j'aimerais le partager. Ce parcours initiatique, je l'entreprends avec ferveur et excitation car ainsi la boucle sera bouclée et ce sera pour moi l'occasion de dire aussi Merci.

Chapitre 2

Ma boî-boîte, mon tout premier berceau

Le découragement est plus douloureux que la patience

Proverbe persan

Mon amie Anne Dorr avait relayé auprès du service de la Communication des Hôpitaux de Paris mon souhait de revenir là où tout avait commencé pour moi. Devant la réticence constatée, Anne allait abandonner l'idée. Mais pas moi. Laisser tomber n'est pas trop le genre de la maison. Et puis, j'y tenais dur comme fer. Sans arrière-pensée. Sans attente particulière. Sans anticiper ce que cela déclencherait en moi. J'ai alors fait des pieds et des mains pour vivre pleinement cette visite ; je désirais ardemment fouler le sol de cet endroit béni où j'avais été accueilli le jour même de ma naissance. Finalement, rendez-vous est pris et le Pr Pierre-Henri Jarreau, chef du service de médecine et de réanimation néonatale de la maternité de Port-Royal à Paris, me reçoit chaleureusement. À n'en pas douter, ma démarche ne le surprend pas, peut-être présage-t-il du bien que ma visite en ces lieux chargés d'histoire va me procurer. De l'éclair qui, sans nul doute, va parcourir mon âme. Quelle aventure, pour mes sens, de revisiter mon arrivée au monde. Encore une fois, je suis chanceux de pouvoir vivre une telle expérience. C'est un peu comme si je parvenais, sans être pour autant devenu schizophrène, à me dédoubler pour assister à mes premiers instants.

Quelle aventure, pour mes sens, de revisiter mon arrivée au monde.

Je peux entendre, à courte distance, l'ombre de la porte qui va me mener au cœur de la vie. Nous voilà dans la pièce où le Pr Jarreau et son équipe prennent en charge les nourrissons en grande difficulté, autrement dit nés à moins de 32 semaines. En pénétrant dans la salle dédiée, le médecin n'emploie pas le terme « prématurés » mais me parle de « tout petits, petits bébés ». C'est plus doux et plus exact. Cette élégance de langage les ramène à la condition de nouveau-nés. On leur donne déjà toutes leurs chances. Là, des jumeaux, qui ne pèsent guère plus de 600 grammes, puisent dans leurs forces vives comme la sève brute monte à l'intérieur de l'arbre afin d'y acheminer l'eau et les sels minéraux pour les distribuer à tous les organes jusqu'aux plus hautes feuilles. La petite fille, plus frêle, dort paisiblement et il n'est pas question de l'importuner dans son sommeil. Le petit gars, lui, est réveillé. Je brûle d'entamer le dialogue ; nous avons certainement tant à nous dire. Je veux lui souhaiter la bienvenue dans ce monde qui doit, à juste titre, lui sembler bien étrange. Je ne veux rien dire d'intrusif qui pourrait susciter l'inquiétude chez ce petit modèle patient. Cet enfant, plus que tout autre, a besoin de sérénité. Je fais donc simplement les présentations :

— Bonjour mon petit bonhomme. Je m'appelle Gilbert.

Étrangement, je ne suis pas impressionné, mais plutôt à l'aise. Juste heureux et ébloui. Conscient du privilège qui m'est octroyé. Quelle émotion de retourner dans le service des grands prématurés où j'ai déboulé plus d'un demi-siècle plus tôt ! Si je pouvais me retrouver, replonger dans cette première étape de ma vie. Ce petit bonhomme, sans le savoir, fait naître en moi l'envie de m'intérioriser comme je ne l'ai jamais fait. De me raconter ma propre histoire. De faire rejaillir les feelings qui ont émaillé mon séjour en néonat'. Si je m'attendais à un tel déclic ! Tout remonte. Tout se redessine. Comme si les pièces d'un puzzle géant allaient finalement trouver leur juste place. Cela vient taquiner le surnaturel. Je me retrouve au tout début. Je pleure beaucoup. Le choc avait-il été trop brutal ? M'étais-je senti véritablement abandonné ? Perdu ? Mes pleurs incessants réduisaient les forces… dont je manquais cruellement. Une pauvre petite chose épuisée, vidée, qui s'époumonait avec une tuyauterie infernale dans le nez et se fragilisait encore davantage : c'est le flash que je reçois en pleine figure. Et ce petit être, là devant moi, a-t-il lui aussi éprouvé cette détresse absolue ?

— Eh bien, tu vois, moi aussi, j'étais dans une boî-boîte. Comme toi. Mais à l'époque, c'était pas pareil…

« On a de la chance, il est réveillé et il vous regarde », me glisse l'infirmière, attentive.

Ma voix est douce par nature mais je la module pour qu'elle n'agresse pas ce petit bonhomme que je ne connais pas mais que je reconnais comme l'un de mes compagnons de fortune. Car je m'en suis sorti et lui aussi va s'en sortir. Il est là avec nous, parfaitement au fait de l'enjeu qui se joue. Ce vaillant soldat amplifie aussitôt l'envie de me retrouver, de refaire connaissance avec moi-même. En profondeur.

Les yeux grands ouverts, ce minuscule nourrisson réagit à ma voix. Pourtant, il ne me connaît pas. Il m'entend, et je sais qu'il comprend ce que je suis venu lui dire sans que j'aie besoin de prononcer les mots. D'ailleurs, le professeur et l'infirmière m'encouragent à vaincre, non pas ma timidité, mais ma réserve. Je suis concentré, précautionneux. Je m'adresse à lui comme j'aurais sans doute aimé que l'on me parle, alors. Et si quelqu'un l'a fait, je regrette de n'en avoir gardé aucune notion. Les prématurés ont cette faculté, paraît-il, de vous lancer un regard incroyablement présent. Ils vous fixent d'une manière pénétrante comme pour vous montrer qu'en plantant leurs yeux dans les vôtres, ils vous envoient ce message : « Je m'accroche. Alors, accrochez-vous aussi ! » À ce stade, les bébés ne voient pas encore, mais il s'agit là d'un regard que je qualifierais de spirituel. Ce geste, c'est un signe. Une attirance instinctive. Une étincelle.

Nous communiquons tous les deux et nous seuls dans la pièce savons de quoi nous parlons. La présence, l'intonation tissent un lien.

La boî-boîte, c'est sa première maison. Comme ce fut la mienne. Ce détour par la case couveuse et ce séjour obligatoire dans cet habitacle de Plexiglas, dépendant d'une machinerie impressionnante qui encombre le nez, croyez-moi, ça vous ancre dans la vie encore davantage. Dans l'incubateur – quel nom barbare ! – mon *alter ego* se ressource. Se construit. Grâce aux deux hublots prévus à cet effet, ma main droite et ma main gauche s'avancent lentement, à tâtons. J'ai besoin d'aller au contact. Comme toujours.

— Tu veux bien me donner ta petite main ?

L'infirmière me le confirme. Il veut bien. Et toujours, il soutient mon regard.

Je cherche sa menotte. L'effleure et la caresse à peine. Je sens à la fois sa force et sa fragilité. Le souffle de vie est bel et bien là. Il envahit la pièce. Ce petit bonhomme minuscule et moi, jeune grand-père, nous faisons la paire. Ses parents ne sont pas loin. Contrairement aux miens à l'époque, il peut les voir, sentir leur présence, entendre leurs voix, recevoir leurs douces caresses. Ils sont ensemble pour partir au combat et, en cela, son histoire est tout autre que la mienne, d'une certaine façon.

Dans ma boî-boîte, j'étais bien. Dans ce silence, j'étais bien. Cet épisode a été, certes, une épreuve, mais tout le contraire d'une faiblesse. Cela aurait été la marque d'un premier renoncement que de ne pas croire que la force de vie était là, décuplée.

Mère Teresa enjoignait tous les êtres sur cette Terre à se battre. « La vie est une chance, saisis-la ! » Ce petit, tout petit bébé, comme moi et tant d'autres, nous l'avons saisie. Chacun à notre manière, chacun à notre époque, nous avons tissé le fil de nos existences respectives.

Cela aurait été la marque d'un premier renoncement que de ne pas croire que la force de vie était là, décuplée.

« Patience et longueur de temps font plus que force ni que rage. » Je prends toute la mesure des mots de Jean de La Fontaine. Un public trop jeune, qui se délecte de ses fables, ne comprend cependant pas toujours la portée de telles paroles ni combien elles sont fines et judicieuses et vérifiables, l'âge venant. La patience permet de se concentrer sur sa propre construction. Dès le début, mes parents et la médecine n'ont pas eu grand espoir. « Espoir », voilà bien un mot d'adulte ! Moi, je n'ai ni espoir ni désespoir. Je fais cavalier seul et je fonce. Je pourrais comparer ce cheminement de pensée à une start-up. Je ne suis pas devenu claustrophobe et pourtant, il y aurait eu de quoi. Je n'ai pas cette échappatoire : me lover dans les bras de maman pour atténuer mon angoisse et sécher mes larmes. J'apprends sans doute à me réguler, me calmer…

À ne plus redouter le confinement. À l'apprivoiser peut-être.

Je rends hommage au discernement et à l'intelligence du Pr Minkovski. À sa sensibilité aussi. Voilà un homme qui a su prodiguer à mes parents des paroles succinctes mais d'une sagesse remarquable. Il leur a administré un médicament puissant et souverain : l'Impulsion. Il a su, aussi – et c'était moins courant à l'époque –, prendre du temps pour s'adresser directement à eux et ne pas confier cette tâche à l'un de ses internes. Il s'est mis à la portée de Jeanne et de Robert Montagné qui n'avaient aucune connaissance dans le domaine, aucune expérience préalable – Dieu merci –, aucun ami bien placé dans l'univers médical. Rien de tout cela. Le gouffre et la solitude face à la révélation de ma cécité. Vous savez combien les gens simples vénèrent le médecin ; ils ne songeraient pas une seconde à mettre en doute ses dires et à l'importuner avec des questionnements. Alors, ces petites gens n'imaginent même pas qu'un docteur, professeur de surcroît, puisse leur faire l'honneur de les prendre en considération. Cela a bien changé. Le personnel soignant a évolué et le contact avec les malades et leurs proches, le discours à tenir et la manière de le distiller – et non de l'asséner – ont aussi considérablement évolué. Je n'irai pas par quatre chemins, je dirai que l'humanisation est passée par là…

La condescendance avec laquelle certains patients ou familles de malade ont été traités ou, justement, pas été traités dans les années 1950-1960 mérite d'être évoquée… Le Pr Minkovski s'est montré clair, positif et encourageant quand il a dû leur annoncer qu'un trop-plein d'oxygène avait brûlé tous les tissus du nerf optique. À l'époque, ils ne savaient pas mesurer le dosage adéquat à administrer pour que je puisse vivre. Je suis loin d'être le seul grand préma à avoir subi cet incident de parcours. Mais quel merveilleux travail ils ont accompli ! Car avec un dosage trop faible en oxygène, je ne serais tout simplement pas là pour vous le raconter.

J'ai perdu la Vue mais j'ai gagné la Vie.

C'est dans ces premiers instants de ma petite vie compromise que j'ai développé mes facultés d'adaptation, d'imaginaire aussi, et cultivé la force enfouie au plus profond de mon être. Il a fallu éloigner les pensées sombres, ignorer les moments d'affolement, symbolisés par les bip-bip retentissants et ne pas céder à la panique. Et je sais qu'il a dû y en avoir !

> C'est dans ces premiers instants ma petite vie compromise que développé mes facultés d'adap tion, d'imaginaire aussi, et cult la force enfouie au plus profond mon être.

— Vous pleurez, aujourd'hui, mais vous verrez. Votre enfant va vivre une vie formidable et je prends le pari que vous viendrez me remercier…

Avec de telles paroles, il a su en quelques mots leur insuffler confiance et force. Une force qui jamais ne leur a fait défaut par la suite et qui les a confortés dans l'idée que ce petit Gilbert, pas attendu, ferait son chemin et trouverait sa place. Et, qu'enfin, la famille Montagné serait réunie dans l'harmonie et la joie. Les obstacles, j'allais les surmonter les uns après les autres : le froid pénétrant de décembre, mon poids plume affolant – 950 grammes –, mon déracinement...

Quelles séquelles, quelles traces indélébiles les circonstances de ma naissance peuvent-elles laisser ? Suis-je considéré comme un petit morceau de chair ? Est-ce que je ressemble à un vieillard tout fripé, comme si j'avais eu mille vies alors que la mienne a failli ne jamais commencer ? Est-ce que je lui fiche la trouille à maman quand elle est autorisée à m'apercevoir à travers la vitre ? Les bébés fascinent, mais moi, quel effet je produis sur elle ? Suis-je beau et attendrissant ou vilain à faire peur ? Quand elle me voit tout branché, maman a-t-elle envie de prendre ses jambes à son cou ? Ai-je été, pour un temps, rejeté ? Admiré pour une telle ténacité dans un si petit corps ? Catherine Vanier, psychanalyste depuis plus de 20 ans dans un service de néonatalogie à Saint-Denis, nous appelle les « bébés funambules ». La métaphore est bien choisie, elle me parle ; elle a raison de nous comparer à des acrobates sur un fil. Là où j'habite, dans ma boî-boîte, je peux à tout instant basculer d'un côté ou de l'autre du fil. En une fraction de seconde. Normalement, je devrais être dans le ventre de maman. Bien à l'abri. Je suis intubé. Ventilé. Placé sous haute surveillance.

Après la précipitation et l'affolement en ce 28 décembre, je redescends comme dans un *very bad trip*. Il faut atterrir et comprendre où l'on est, dans quel *no man's land* on a été parachuté. S'acclimater à un second environnement alors qu'on n'a pas eu le temps matériel de s'acclimater au premier. Tout est allé si vite dans ce tourbillon que je n'ai pas pu perdre mes repères, faute de les avoir trouvés. Comme c'est impressionnant de se retrouver dans un tout autre univers ! En un laps de temps record, j'ai connu un trajet table-de-la-cuisine-ambulance-hôpital puis re-hôpital à la vitesse grand V. Puis l'enfermement dans cette boîte. J'ai fait le grand écart entre deux planètes. L'atmosphère est grave, profonde, existentielle. Je sais que les parents, parfois démolis par la peur, supplient le corps médical de les aider. J'imagine les suppliques du genre : « N'insistez pas trop sur la réanimation, nous ne voulons pas d'un enfant lourdement handicapé. » Le Dr Lucien Feldmann, rue des Pyrénées avait, avec un tact infini, anticipé cette question cruciale en parlant franc à mes parents. Maman m'a rapporté ses paroles qu'il a voulues non agressantes autant que cela était possible : « Vous verrez, votre enfant ne souffrira pas ; il va s'éteindre comme une petite bougie. Il n'y a rien à faire. » Ils ont peut-être été apaisés par ce constat : je n'allais ni souffrir ni les faire souffrir. Je ne connais pas de belles et douces façons de préparer des parents au décès de leur bébé. Alors, évidemment, dans ce chaos, pas de prénom pour moi, pas de cadeau de naissance. Je suis là mais pas pour longtemps. Je ne peux donc pas être l'objet de réjouissances, de félicitations. Maman aussi doit être très isolée. Qui aurait l'idée saugrenue et maladroite de prendre de ses nouvelles, de mes nouvelles ? Elle ne reçoit pas, comme n'importe quelle accouchée, de visite à la maternité douillette, entourée de fleurs et des proches qui défileraient pour l'embrasser, m'embrasser et me voir. Rideau ! Il n'y a rien à voir. Elle et moi, sommes privés de tout ce cérémonial gai et festif. Elle, de son rôle de mère. Et moi, de mon statut de nouveau-né. Est-ce qu'on m'adresse seulement la parole ? Pour me dire que tout ira bien, qu'on va prendre soin de moi. Est-ce que je reçois des caresses, des regards tendres. Je n'ai pas le sentiment d'avoir été bercé de paroles apaisantes. D'avoir été bercé tout court. Intrigué par des bruits métalliques, oui. C'est un drôle d'endroit tout de même : l'antichambre de la mort et l'antichambre de la vie.

Un grand prématuré est à surveiller comme le lait sur le feu : il peut déclencher un choc septique en une heure, ou un arrêt respiratoire ou bien une rupture d'anévrisme car son petit cerveau est trop fragile pour supporter la pression atmosphérique. Tout le personnel soignant est sur le qui-vive. Je suis pour tous les médecins et infirmières une grenade dégoupillée. La joie, que connaissent les parents et toute l'équipe dans une salle d'accouchement ordinaire, n'existe pas dans ce service de pointe qui nous est réservé.

Je me remémore alors les articles concernant le Dr Catherine Vanier, dont l'un, notamment, était intitulé : « Il faut donner aux prématurés l'envie de vivre ». Tout y est dit. La néonatalogie a fait des progrès fulgurants dans ce domaine, je n'en ai pas bénéficié à l'époque et pour cause. On fait tout pour moi, indéniablement, mais pas de la même manière qu'on le ferait aujourd'hui en 2018. L'approche psychologique fait, à mon sens, toute la différence.

En France, chaque médecin responsable d'un service de néonatalogie est libre de fixer sa limite. Ces décisions très difficiles sont régies depuis 2005 par la loi Leonetti, qui interdit, selon des critères objectifs, de faire de « l'obstination déraisonnable ». On réanime un nouveau-né autour de 25-26 semaines. Pas en dessous. Autant dire que je ne suis pas passé loin du couperet !

Tout le monde connaît le postulat de Françoise Dolto qui s'est consacrée à la psychanalyse des enfants : « Le bébé est une personne. » Moi, je l'entends ainsi : même très petit, l'enfant est un être humain à part entière et pas le prolongement de ses parents. Il existe en tant que tel. Le fait même de s'adresser à un bébé comme à un sujet à part entière l'amène à entrer en relation avec le monde. « Si personne ne s'adresse à vous, avait insisté Catherine Vanier, si vous n'êtes branché que sur des machines, à quoi bon ? Très honnêtement, je ne crois pas que les bébés comprennent mes mots. En revanche, on a prouvé scientifiquement qu'ils comprennent l'intonation de la voix, le rythme… Les bébés sont plus sages que les grandes personnes. »

Les bébés ont, si j'ose m'exprimer ainsi, leur mot à dire. Il faut compter avec eux et sur eux. Ils doivent, seuls, trouver la force et se dire que ça vaut le coup. Je ne suis pas naïf, tous n'y parviennent pas. Il faut donner à ces petits, tout petits êtres de quoi s'accrocher, ne surtout pas les laisser seuls dans ce monde de machines.

Je l'affirme en toute humilité : je n'ai pas seulement à apprendre du monde, mais j'ai à apprendre au monde. Certes, personne ne m'a rien demandé ; je viens de m'auto-investir d'une mission que j'estime juste et nécessaire. Bien modeste mais essentielle, cependant. Dans l'optique de donner aujourd'hui ce que j'ai reçu jadis. Pas au sens « rendre » du terme, mais plutôt « offrir ». Mon vécu, mon ressenti, mes sensations et sentiments éprouvés au cours de ce voyage dans ma vie d'avant peuvent et doivent servir à quelque chose, à quelqu'un. J'ai toujours aimé témoigner. Alors, si je peux aider les grands prématurés, sortis d'affaire, qui se posent des questions, et leurs parents, pétris de culpabilité et de chagrins, je suis le plus heureux des hommes. J'ai d'ailleurs eu l'occasion de relater mon histoire aux membres de SOS Préma. J'ai compris combien les mamans se trouvaient désemparées en ramenant leur bébé à la maison. « On pense que lorsque l'on sort de l'hôpital, c'est gagné. Mais c'est précisément le moment où la femme, qui a tout porté, s'effondre », confie Charlotte Bouvard, la fondatrice de cette merveilleuse association. Les mères ne peuvent évaluer les répercussions qu'une naissance prématurée aura sur leur enfant plus tard. Elles manquent cruellement d'un accompagnement *ad hoc* et surtout d'une écoute attentive. Qui entend leurs peurs, leurs angoisses ? Qui les apaise, les conseille ? C'est tout un apprentissage à mettre en place. J'ai été un enfant, puis je suis devenu un père et aujourd'hui, un grand-père. Cette chaîne humaine nous concerne tous et notre passage sur Terre doit avoir un sens et apporter un enseignement. Nous devons nous entraider et nous enrichir de nos expériences en les partageant.

Ma boî-boîte, mon tout premier berceau

« Penser à la mort raccourcit la vie », dit un proverbe russe. Sans, bien évidemment, en avoir eu connaissance, j'ai suivi ce précepte à la lettre mais à l'envers. « J'ai pensé à la vie pour retarder la mort » pendant les toutes premières semaines de ma première vie. Parce que c'étaient mon instinct, mon destin et surtout, surtout, ma farouche volonté.

« Penser à la mort raccourcit la vie », proverbe russe.

Chapitre 3

Et si ma mère n'avait pas eu voix au chapitre ?

Le véritable amour naît de la connaissance et non du sentiment d'obligation ou de culpabilité

Alan Watts

« Je le dis avec toute ma conviction : l'avortement doit rester l'exception, l'ultime recours pour des situations sans issue. Mais comment le tolérer sans qu'il perde ce caractère d'exception, sans que la société paraisse l'encourager ?

Je voudrais tout d'abord vous faire partager une conviction de femme – je m'excuse de le faire devant cette Assemblée presque exclusivement composée d'hommes : aucune femme ne recourt de gaieté de cœur à l'avortement. Il suffit d'écouter les femmes. C'est toujours un drame et cela restera toujours un drame.

C'est pourquoi, si le projet qui vous est présenté tient compte de la situation de fait existante, s'il admet la possibilité d'une interruption de grossesse, c'est pour la contrôler et, autant que possible, en dissuader la femme. »

Personne ne peut ni ne doit oublier ce plaidoyer poignant et noble prononcé avec détermination, courage et conviction, le 26 novembre 1974 à l'Assemblée nationale, par Mme Simone Veil, alors ministre de la Santé. Peu après son élection à la présidence de la République, Valéry Giscard d'Estaing l'avait chargée de cette tâche majeure mais lourde de conséquences : préparer le projet de loi qui fut votée le 17 janvier 1975.

Mais en ce mois de janvier 1952, dans ma boîboîte, je suis à 100 000 lieues de me douter qu'un jour, l'avortement sera légalisé. Je suis si loin de ces événements dont je comprendrai l'importance capitale bien plus tard. Je suis si seul. Sans maman ni papa à mes côtés. Blotti dans ma couveuse, mon habitacle provisoire et impersonnel, je suis comme sur un ring, tel un boxeur déterminé à remporter le combat. L'alternative est simple : accepter d'être K.O. ou se battre.

Alors, je vais batailler ferme. En solo. Avec la machine à rester en vie qui est branchée sur moi en permanence et tout cet aréopage en uniforme qui se relaie à mon chevet. Je décide de me donner tous les moyens pour sortir vainqueur de ma boî-boîte. Je peux jouer la partie ; j'ai les cartes en main. Ça promet d'être une sacrée bagarre contre la mort. Bien sûr, un jour, elle sera là, à rôder autour de moi, mais je considère qu'il n'y a pas le feu. Je viens juste d'arriver, alors elle peut attendre un peu, tout de même !

Je sais. Ne me demandez pas comment, mais je le sais. J'ai la conviction profonde que je vais ressentir une des premières joies de ma vie, la toute première, assurément. La joie du vainqueur qui se félicite d'avoir pu rassembler ses forces ; j'ai déjà réchappé à deux tentatives d'avortement. Devant le mur de l'impossible – qu'ils pensaient infranchissable –, mes parents avaient fini par se persuader qu'il n'y avait pas d'issue. Pas d'autre choix que celui de se passer de moi. Je prétends que, de très loin, même avant d'en avoir reçu la confidence, cela m'habitait depuis toujours ; c'était enfoui en moi. Je l'avais vécu. Mon âme savait…

Et voilà que je les ai tous blousés. Les parents, les toubibs… À ceux qui n'auraient pas parié un kopeck sur moi, je joue un bon tour. Je vais célébrer tout seul cette première victoire ô combien décisive. Difficile de décrire cette fête intérieure qui va me galvaniser. Cette victoire sur la Vie, je ne l'ai pas inventée. Mon imaginaire, qui deviendra puissant au fil des ans, n'y est pour rien. C'est comme si je me dédoublais et pouvais voir le sourire intérieur, malicieux et triomphateur d'un voyageur qui, après un parcours chaotique, arrivait à bon port, contre toute attente.

Maman, comme tant d'autres, a été concernée au premier chef par ce dilemme qui a vrillé le ventre et le cœur de millions de femmes dans le monde : garder un enfant ou pas. Quand j'y repense, je me dis qu'avoir à prendre pareille décision est le comble de l'horreur ; elle relève de l'injustice pure. La loterie de la vie s'avère bien cruelle, parfois. Les femmes seules, en proie à de grandes difficultés face aux vicissitudes de la vie, préfèrent se priver d'un enfant plutôt que de ne pas être en mesure de l'assumer pleinement ; je ne peux que les comprendre et rendre hommage à leur courage. Car c'est bien de courage dont il s'agit. Pour mes parents, le contexte est tout autre. Notre famille est déjà constituée et unie. Mais, comme beaucoup, elle est à la recherche d'un mieux-vivre qui mettrait un peu de soleil dans le quotidien et, comme on aimait à le dire à Ménilmontant, du beurre dans les épinards… À la sortie de cette guerre, qui a laissé derrière elle son cortège de blessures et de privations, tout reprend doucement, lentement. Le bonheur, le vrai, on y pense, on en rêve, mais il n'est pas encore à portée de main.

Mes frère et sœurs, Michel, Jeanine et la petite dernière, Claudine, m'attendent. Mais Jeanne et Robert vont se priver de la venue d'un petit être. Disons-le, je tombe mal. Mon arrivée, sans doute pas prévue au programme, n'arrange pas mes parents. C'est alors toute une chaîne humaine que l'on déstabilise. Tout un clan que l'on désagrège. La tribu Montagné va s'amputer d'un membre. Comment est-ce possible ? Cette décision, dans la majeure partie des cas, est prise en fonction des revenus de la famille. L'amour n'a rien à voir là-dedans. Le nerf de la guerre, c'est bel et bien l'argent. Trop de personnes le savent et le vivent au quotidien. La résolution est guidée par des moyens financiers insuffisants ;

mes parents jaugent et évaluent le droit raisonnable à prendre en charge un quatrième enfant. Je bénis le ciel de ne jamais avoir eu, adulte, à me poser cette terrible question. J'ai pu accueillir Éric et Nicolas, mes deux fils, comme un jeune père heureux et chanceux sans avoir à peser le pour et le contre ne serait-ce qu'une seconde…

Maman a trente-huit ans, ce qui est à l'époque considéré par le corps médical comme une grossesse tardive donc à risque, même si la future maman n'en est pas à son premier enfant.

Je l'ai su après. Bien après. Un oncle me l'a avoué et l'information m'a été confirmée. Dès le début de sa grossesse, maman était allée « voir une dame »… à deux reprises. Elle avait essayé de me « faire passer », comme on disait jadis pudiquement, comme si les vrais mots étaient impossibles à prononcer tant ils généraient de la violence. Le terme « avortement » suffisait à jeter l'opprobre sur les femmes qui avaient eu le malheur de prendre cette décision, peu importent les raisons qui les y avaient poussées. Ce choix, fatalement, n'en était pas un. Elles étaient aussitôt jugées. Cataloguées. Des parias, des femmes indignes de ce nom qui refusaient la maternité.

En 1951, l'année de ma naissance, l'avortement est non seulement un sujet tabou, mais il est puni par la loi. Ça ne plaisante pas. La faiseuse d'anges risque gros et ne mérite pas cette appellation ô combien poétique. Il n'est guère question d'anges mais de tortures diaboliques, ressenties au propre comme au figuré par des femmes déchirées, vulnérables et démunies. Pour quelques heures ou toute une vie. Je n'ose imaginer les sentiments mêlés qui les ont habitées. Quelles séquelles ont-elles eu à supporter, à combattre, à cacher aussi ? La guérison des maux, dans toute l'acception du terme, a-t-elle été possible ? Combien de femmes y ont laissé leur peau ou, à tout le moins, l'espoir de porter un autre enfant. La faiseuse d'anges du temps jadis – et je n'ignore pas que la pratique perdure dans quelques pays au XXIe siècle – n'est, à mes yeux, qu'une faucheuse qui sème le malheur et laisse dans son sillage beaucoup de victimes. Et pas seulement des fœtus. Chaque être humain sur Terre doit être libre de son corps et pouvoir prendre la décision qui lui convient le mieux dans les meilleures conditions possible, autrement dit dans un environnement médical. Sans mise en danger, mais pas sans traumatisme. Ma mère n'est pas née à la bonne époque ; elle se débrouille comme elle peut, sans grands moyens pour assurer sa sécurité. Quand je pense à ce qu'elle a dû endurer, j'en ai le corps et le cœur glacés d'effroi. Maman a-t-elle dû affronter cette épreuve toute seule ? J'en suis persuadé. Jeanne Kalfon est une maîtresse-femme qui ne s'en laisse pas conter. A-t-elle pu trouver une oreille attentive et bienveillante pour l'aider à surmonter sa peur ? J'imagine mal mon père prenant une journée de congé pour accompagner sa femme « voir une dame ». Pas plus que je l'imagine consacrer ne serait-ce qu'un peu de son temps à sa femme pour entamer un long débat sur la question, comme le ferait un couple aujourd'hui. À sa décharge, la chambre-cuisine exiguë ne favorisait pas l'intimité. Et puis, à l'époque, ces choses-là n'étaient pas l'affaire des bonhommes. Autres temps, autres mœurs. Les hommes rapportaient leur paie à la maison et les femmes s'occupaient des enfants. Ça fait un peu cliché aujourd'hui, mais c'était le mode de fonctionnement des ménages autrefois.

Maman, si chaleureuse et parfaite communicante, avait probablement des amies. Mais en ce temps-là, confier ses funestes projets n'était pas hautement recommandé. De telles confidences auraient pu la conduire tout droit… en prison. Désormais, on ne dit plus « avortement » mais « interruption volontaire de grossesse ». Ou plutôt IVG. Comme si l'acronyme atténuait l'horreur que ces initiales tentent à peine de dissimuler. Est-ce moins douloureux ? Moins dévastateur ? Je n'en suis pas convaincu mais, indéniablement, ces trois lettres accolées les unes aux autres, comme si elles cherchaient à se faire toutes petites, toutes discrètes, ont une résonance moins cinglante. Moins effrayante. Et puis, aujourd'hui, on annonce la couleur. De nouveaux mots pour une nouvelle donne. Dans « Interruption volontaire de grossesse », il y a le mot « volontaire », significatif. On a pris en compte l'évolution des mœurs et des mentalités, le libre arbitre de la femme à disposer de son corps et… la loi. Les femmes ont voix au chapitre désormais, même si ce n'est pas le cas dans tous les pays, loin s'en faut.

Apprendre qu'elle était enceinte une quatrième fois a dû plonger ma mère dans un grand embarras pour ne pas dire un véritable désarroi. Un seul petit salaire à la maison. Que faire ? En ont-ils discuté ensemble ? Maman, la première concernée dans sa chair, a-t-elle eu voix au chapitre ? Rien n'est moins sûr. Mon père avait un caractère bien trempé. Maman aussi. La discussion a dû être âpre. Le ton est probablement très vite monté.

Quand j'ai été en âge de comprendre, aux alentours de la trentaine peut-être, ma mère, qui n'était pas du genre à se défiler, a pris l'initiative d'aborder la question de mon arrivée dans la famille. Elle a tenu à m'évoquer elle-même cet épisode douloureux de sa vie de femme. Elle avait trouvé instinctivement le bon moment et les bons mots pour me faire cette confidence. Dans la franchise et la simplicité. Et ça lui ressemble bien ! Aujourd'hui, mes petits-enfants diraient qu'elle était cash ! Un tel aveu fait trop tôt aurait pu me déstabiliser, sinon me traumatiser, au point de perturber ma construction d'homme. Ce fameux champ des possibles, que j'ai toujours eu en moi, aurait été mis à mal. Et si j'avais appris sa décision d'avorter après sa disparition, cela aurait probablement eu une incidence sur ma manière d'appréhender l'existence. Et moi qui n'ai aucune propension à la frustration, peut-être l'aurais-je éprouvée ? Mille questions m'auraient assailli et personne pour y répondre ! Je n'aurais pas aimé l'apprendre de la bouche de quelqu'un d'autre. Sans doute parce que je n'aurais pas eu la possibilité de poser à maman toutes les questions qui me venaient à l'esprit. Je n'aurais pas eu la possibilité d'être à son écoute. Un intermédiaire, qui se serait immiscé entre nous pour m'annoncer la nouvelle, nous aurait séparés, en quelque sorte, et je n'aurais pas aimé ça. En un mot, cela aurait bousculé notre mode de fonctionnement. Nous avions une telle connivence, maman et moi. Nous étions fusionnels, à une époque où l'on qualifiait rarement de fusionnelles les relations mère-fils, et parlions à cœur ouvert. De rien et surtout de tout. Comme des complices.

Nous avions une telle connivence, maman et moi. Nous étions fusionnels, à une époque où l'on qualifiait rarement de fusionnelles les relations mère-fils, et parlions à cœur ouvert. De rien et surtout de tout.

Alors, aussi étrange et incroyable que cela puisse paraître, je ne lui en ai jamais tenu rigueur. Et de quel droit l'aurais-je fait ? Ni rancœur, ni tristesse et encore moins jugement. Je ne suis pas fabriqué comme ça. J'aime poser des questions, décortiquer, analyser... Je trouve dix fois plus intéressant et, par conséquent, constructif, de comprendre que de condamner. Qui suis-je pour donner des leçons ? On VOULAIT de moi, j'en suis CERTAIN. Ça, je l'ai toujours su, j'ai commencé mes premières minutes sur Terre en le sachant. Dans ma famille, dans ce bas monde. Et moi, je voulais en être. J'étais programmé, non seulement pour être là, mais pour être heureux. Si tel n'avait pas été mon mode d'emploi, je ne me serais pas battu pour passer ce cap difficile. D'ailleurs, je l'ai davantage vécu comme une étape à franchir que comme une difficulté à surmonter et je ne manque jamais une occasion de redire combien je suis heureux d'être là. Déjà, dans ma couveuse, le bonheur, lui aussi, couvait ; il était là, à portée de main…

Déjà, dans ma couveuse, le bonheur, lui aussi, couvait ; il était là, à portée de main…

Si maman, volubile et franche du collier, avait mis cartes sur table, pour papa, c'était une autre histoire. La pudeur des hommes n'est pas une légende. Cet homme était un taiseux, comme on disait à la campagne. Un taiseux qui savait donner de la voix quand il le jugeait nécessaire. Et il ne s'en privait pas. J'ai toujours senti que parler de cet épisode à mon père n'était pas une bonne idée. Après tout, c'était l'histoire de leur couple et la décision leur appartenait. Bien sûr, avec papa, il y avait ce lien formidable. Un amour qui a lié à jamais père et fils, mais mon feeling, qui m'a rarement induit en erreur, me dictait le silence dans ce domaine. Pas question de m'immiscer dans leur vie intime. Je ne voulais pas l'embarrasser ; j'aurais été trop malheureux de le voir se justifier. Mettre ses parents dans cette position n'est pas louable. Les adultes ont parfois des résolutions difficiles à prendre, mais certainement pas des comptes à rendre. Quand, à mon tour, j'ai été parent, j'ai eu moi-même à aborder des sujets réservés « aux grandes personnes ». Il reste souhaitable de ne pas polluer de jeunes enfants avec des sujets anxiogènes. C'était et c'est encore la phrase magique et charmante dans sa désuétude pour leur dire : « Ça ne te regarde pas ! »

Ce que je sais, c'est que papa a dû, sinon imposer cette décision, considérablement influencer maman. Après tout, il lui a peut-être posé un ultimatum. Une recommandation me plairait davantage. Mais la vie d'un couple a ses mystères et cela ne me regarde nullement. Il est des secrets qui doivent le rester. Il a sans doute été convenu qu'il était plus « raisonnable » de « faire le nécessaire ». Derrière cette expression floue se cache un bien cruel dessein. Je devine évidemment que « le nécessaire » n'a pas dû contribuer à une venue au monde harmonieuse. Les produits injectés ou ingérés pour me faire « disparaître », à deux reprises de surcroît, quels étaient-ils ? Quand j'ai entendu parler de soude caustique, des frissons ont parcouru tout mon être. M'ont-ils fragilisé ? Abîmé ? Tout porte à le croire, mais je n'en ai pas la preuve. Je fais partie de ceux qui considèrent la bouteille à moitié pleine. Et qui me dit que sans ces produits assassins j'aurais été livré sans défaut de fabrication ?

Maman a-t-elle souffert de ce sentiment de culpabilité dont on peut supposer qu'il a grignoté sa joie de vivre légendaire ? L'a-t-elle trimballé toute sa vie comme un bagage pesant, voire encombrant ? A-t-elle été perturbée ? Minée ? Malheureuse ? Ou, au contraire, comme je le crois, galvanisée par cette nouvelle bataille à mener. Et à remporter ! Maman était une guerrière. Ce combat ne fut pas le seul de sa vie mouvementée. Quand il s'est agi de passer à travers les mailles des filets tendus par les nazis lors de la Seconde Guerre mondiale, Jeanne Kalfon a fait face, avec l'aide de mon père qui n'a eu de cesse de la protéger. Je vois dans ces épreuves anciennes une force vive dans laquelle mes parents ont puisé quand j'ai surgi dans leur vie. Trop tôt, trop vite et pas tout à fait conforme…

Mais ils en avaient vu d'autres et cela les a aidés, je ne peux m'empêcher de le penser.

Je vois dans ces épreuves anciennes une force vive dans laquelle mes parents ont puisé quand j'ai surgi dans leur vie. Trop tôt, trop vite et pas tout à fait conforme…

Maman et papa ont dû se faire une raison : ça n'a pas fonctionné. Moi, je dirais que tout a parfaitement fonctionné. La preuve : la nuit de ma naissance, je dois mon salut à la présence du Dr Feldmann. Mes parents ont dû être rassurés de le trouver à son domicile ! Le Dr Feldmann résidait dans la partie chic de notre immeuble. Pas le bâtiment sur cour où nous étions, mais celui où l'escalier était recouvert d'un épais tapis qui étouffe les bruits des personnes qui dévalent les marches. Depuis tout petit, j'ai attaché une réelle importante au tapis dans l'escalier. Ce sont les petites madeleines de l'enfance que je m'étais promis de croquer un jour… Son fils est, lui aussi, médecin et j'aime l'idée de le savoir dans le même immeuble aujourd'hui.

« Ce qui ne me fait pas mourir me rend plus fort », affirmait Nietzsche. Comme il avait raison ! Je me suis accroché et maman a dû exulter de joie. Ma mère était une dure à cuire. En me voyant tenir le coup, maman a dû se dire qu'elle avait triomphé. Que NOUS avions triomphé. Que là-haut, on n'avait pas laissé faire. Je souhaite de tout mon cœur que, là où elle est, elle ne songe plus à ces instants violents, à ce drame, tel que le décrivait Simone Veil. Qu'elle ne s'en veuille pas une seule seconde. Je n'ai rien à lui pardonner puisque je n'ai jamais éprouvé quelque sentiment de reproche à son égard. Elle m'a tout donné, dès les premiers instants de ma petite vie en pointillé qui tenait à pas grand-chose. Le fil était ténu, certes, mais solide. Comme elle a dû souffrir, ma maman courage !

J'ai rarement, pour ne pas dire jamais, évoqué cet épisode intime de ma vie. C'est peut-être difficile à concevoir mais cela ne déclenche chez moi ni chagrin, ni amertume. La vie, ma vie, s'est aussitôt présentée à moi comme un challenge. Je n'avais qu'un désir : le relever.

La vie, ma vie, s'est aussitôt présentée à moi comme un challenge. Je n'avais qu'un désir : le relever.

Jamais non plus, je ne me suis fait le reproche d'avoir été livré avec cette déficience visuelle et d'avoir ainsi causé de la peine à mes parents. Pourquoi les Z'aveugues seraient-ils une cause de chagrin ? Doivent-ils être d'autorité rangés dans la case des malheureux ? Et leur famille avec ? Cette culpabilité, si elle existe, n'engendre rien de bon. Elle ne construit rien et ne laisse sur son sillage que déception et acrimonie. Elle empêche d'avancer. Et moi, je ne veux qu'une chose : avancer, dérouler le film de mon existence qui va tenir toutes ses promesses. Pourquoi ne les tiendrait-elle pas ? Ce n'est pas une petite carence qui va ficher tout par terre ! Si petit, si frêle mais déjà un appétit d'ogre, une envie folle de tout.

Mes parents ne peuvent pas encore le soupçonner, forcément, mais s'ils savaient comme j'ai hâte ! Je ne m'appesantis jamais sur ce qui est négatif. Pas le genre de la maison. C'est tellement contre-productif… Il y a tant à faire avec tout ce temps qui m'est imparti, avec toute cette énergie qui émane de mon faible souffle… Comme dans la magnifique chanson de Serge Reggiani, le temps qui me reste me semble infini et jubilatoire. J'ai la vie devant moi pour jouir de toutes ses largesses.

> « Combien de temps encore
> Des années, des jours, des heures, combien ?
> Quand j'y pense, mon cœur bat si fort…
> Mon pays, c'est la vie. […]
>
> Je l'aime tant, le temps qui reste…
> Je veux rire, courir, pleurer, parler,
> Et voir, et croire
> Et boire, danser,
> Crier, manger, nager, bondir, désobéir
> J'ai pas fini, j'ai pas fini. »

Chapitre 4

De l'amour à revendre !

Le bonheur, c'est avoir une mère qui nous aime, un père pour nous conduire, avoir encore ses parents à l'âge d'homme pour les voir sourire à nos efforts, et voir nos parents applaudir à nos succès

Henri-Frédéric Amiel

Tous les pédopsychiatres s'accordent à le dire : un jeune se construit avec, mais surtout, contre ses parents. Quoi de plus normal ? De plus sain ? Le contraire serait inquiétant ! Je ne déroge pas à la règle. Je me suis construit « avec », indéniablement. Oui, il y a beaucoup de « avec » dans ce parcours qui m'a conduit de ma boî-boîte à ma vie d'homme libre gourmand de la vie. Je ne peux que leur être reconnaissant de ce que mes parents m'ont donné, à commencer par la foi en moi-même. C'est un trésor dont rien ni personne ne pourra me déposséder.

Du plus loin qu'il m'en souvienne, je n'ai jamais manqué de rien. On n'avait pas grand-chose pourtant, mais ce n'est pas antinomique.

Papa travaillait dur pour faire bouillir la marmite. Son métier de traceur en charpentes métalliques ne permettait pas à la famille Montagné de rouler sur l'or, mais maman faisait des miracles. Tirer le diable par la queue, elle savait faire comme personne. Devenu adulte, j'ai compris, avec le recul, que ma mère rivalisait d'ingéniosité pour que ses enfants ne subissent aucune privation ou presque. Maman n'a jamais refusé à l'un d'entre nous quoi que ce soit dans la limite de ses moyens qui n'étaient pas infinis. Mais ces limites, elle les franchissait allègrement. Et souvent. C'est là où le bât blesse. La fin du mois était toujours en avance chez nous. J'imagine que, dès le 15, maman jonglait avec les sous… qu'elle n'avait plus. Sans en dire un mot. C'était son affaire. Les cordons de la bourse, elle ne les tenait pas comme une ménagère exemplaire qui gère son budget et ne déroge pas à la règle. Maman avait ce don : elle dérogeait à merveille. Elle dérogeait beaucoup trop. Même si elle ne l'était pas, elle avait une âme d'artiste. Elle se montrait généreuse, spontanée, inventive, magnifiquement déraisonnable et flamboyante et donc une piètre gestionnaire !

La gestion du bonheur – celui de ses enfants –, ne dépendait pas de ses modestes finances. De l'amour à haute dose, des attentions au quotidien, du superflu interdit qui, par définition, avait une saveur indicible. Maman offrait. Maman donnait. Maman achetait. Maman contractait des petits crédits par-ci par-là dans le dos de mon père qui, s'il l'avait su, aurait vu ça d'un très mauvais œil et serait entré dans une rage folle. Mais il ne pouvait le savoir puisque maman, fidèle à sa logique et pour ne pas déclencher les foudres de son mari, passait ses petits arrangements financiers sous silence. Jeanne Kalfon était une vraie acrobate ! Mais une fois l'objet de la convoitise arrivé à la maison, mon père constatait et laissait tomber. Maman ne pensait pas à demain. Ou plutôt si, elle pensait à des demains joyeux pour nous les offrir en partage. Pour rien au monde, elle n'aurait gâché ces instants magiques dont elle saupoudrait nos vies. Rien que pour entendre résonner notre joie. Avec elle et grâce à elle, demain serait beau. Sa raison d'être, c'était nous, les enfants, avant toute chose. Nous faire plaisir. Et non se faire plaisir. Maman aimait me faire deviner les objets, les étoffes, les fruits, les légumes et tout ce qui pouvait me tomber sous la main, au sens propre du terme. Elle s'y prenait de la plus jolie des façons : elle les déposait au creux de mes mains pour que j'en appréhende les formes. Ainsi, dès l'âge de trois ans, je faisais connaissance avec tout ce qui composait mon quotidien. Dans ces moments fabuleux de découverte, nous avions droit à de merveilleuses petites pépites, comme les premiers fruits de saison, alors que leur prix élevé dissuadait les impatients. Maman voulait tout. Tout de suite. Pour nous.

Comme j'aimais les toucher ces fruits d'été qui réapparaissaient comme après une longue hibernation ! J'étais heureux de caresser les pêches qui semblaient s'être parées de velours, d'effleurer l'enveloppe soyeuse des abricots. Et me régalais de leur saveur et surtout du renouveau qu'ils annonçaient. Le printemps pour moi, ce n'était pas la couleur des arbres et des fleurs, c'était une sensation prodigieuse. Les sentir sous mes doigts, c'était la magie recommencée. Le printemps, c'était aussi le chant des oiseaux qui me présentaient leurs nouvelles créations. Ce défilé musical m'enchantait et je prenais alors pleinement conscience de la richesse de la saisonnalité ; je retrouvais ce plaisir intense et je célébrais le printemps en osmose avec ce que la nature nous offre de plus beau.

> La gestion du bonheur – celui de ses enfants –, ne dépendait pas de ses modestes finances. De l'amour à haute dose, des attentions au quotidien, du superflu interdit qui, par définition, avait une saveur indicible. Maman offrait. Maman donnait. Maman achetait.

Bien sûr, avec les années, la vie m'a appris que dépenser sans compter, quand on n'a pas le sou, est source de graves ennuis. Voilà un vrai handicap ! Établir un budget et le respecter vous prémunit de galères infinies et évite de sombrer dans des gouffres abyssaux dont on ne se relève pas ou très difficilement. Mais, enfant, je ne raisonnais pas en ces termes et ne m'érigeais pas en juge ; je ne m'interrogeais pas sur la manière dont mes parents dirigeaient leur vie, nos vies. Peut-être était-ce la règle chez les autres, après tout ! Je constatais seulement que maman ne regardait pas à la dépense. Cela étant, je ne peux que m'en réjouir aujourd'hui. Quelle jolie enfance j'ai eue ! Rien n'était trop beau pour nous, mais si je suis honnête – et je me targue de l'être – je devrais dire : rien n'était trop beau pour moi. Attention, je vous vois venir. Je n'étais pas gâté parce que mes yeux étaient tout cassés ; j'étais gâté parce que j'étais aimé comme on aime le petit dernier de la fratrie. Éperdument. Mon enfance n'a été entachée d'aucune frustration, d'aucune privation, d'aucun interdit. J'ai eu, sur tous les plans – immatériel et matériel –, ce dont j'avais besoin et envie. La seule ombre au tableau, si je puis dire, c'était au moment d'aller faire les commissions. Muni d'un filet à provisions, je me proposais toujours pour accomplir cette mission. J'adorais le contact avec les commerçants du quartier, la responsabilité du porte-monnaie familial même s'il n'était pas toujours garni. Et justement, mon plaisir était quelquefois un peu gâché. J'étais contraint de tendre un mot, que maman avait griffonné à la hâte, pour que l'épicier nous fasse crédit.

J'avais peu de repères pour comparer notre train de vie à d'autres. Cependant, je savais que certaines familles étaient plus aisées que la nôtre ; ce n'était pas difficile ! Les parents de Bernard, mon camarade, avaient de tout autres moyens. Je n'en ai jamais nourri de jalousie ni de regrets. Je me félicite d'avoir été fabriqué sans le logiciel de l'envie car, à mes yeux – oui, à mes yeux –, elle est mère de tous les chagrins. Quand on est petit, on lorgne les cartables flambant neufs des copains le jour de la rentrée des classes. Et moi, j'avais droit au mien ! J'aimais cette odeur du cuir neuf. On parle aussi des beaux habits, impeccables avec leur parfum de renouveau, on écoute ébahis mais un peu frustrés, les récits de vacances dans des pays lointains et donc forcément magiques. J'ai eu la chance d'être également gâté par les parents de Bernard. Grâce à leur générosité, j'ai pu vivre des moments exceptionnels, comme cette première descente à skis mémorable à La Clusaz ; je leur en suis reconnaissant. J'ai accepté ma condition, mon lot quotidien, non pas parce que j'étais un enfant résigné – quelle horreur ! – ni même plus sensé et plus raisonnable que les gamins de mon âge mais parce que j'étais comblé. Je ne boudais jamais le plaisir de jouir de ce que j'avais et ne me lamentais point de ce que je n'avais pas. Cela ne signifie pas que je me contente de peu. Non. Car une telle passivité serait révélatrice d'une absence cruelle d'ambition et d'un réel manque d'exigence. « Il faut toujours viser la lune, car même en cas d'échec, on atterrit sur les étoiles. » Comme j'aime l'état d'esprit d'Oscar Wilde ! J'adhère totalement à sa philosophie et à sa manière d'envisager la vie. Savoir apprécier le moment présent, recevoir le cadeau modeste, louer le geste généreux et déceler la pensée attentionnée qui saura illuminer votre journée, est un don. Il vous incite à viser plus loin, plus haut. À quitter ce monde étriqué. À avoir des rêves qui sauront vous embarquer pour un ailleurs fantastique et à y croire. Mettre tout en œuvre pour les réaliser est aussi une belle aventure, un challenge dont je n'ai jamais voulu me priver. Les défis, je ne les écarte pas ; ils ont été inventés pour être affrontés justement. Je ne me crois pas plus malin que les autres, mais je sais intrinsèquement qu'ils vont m'améliorer, me consolider, m'apporter des sensations nouvelles et intenses, me faire vibrer. Me faire grandir. Qu'ils se transformeront en victoires. Petites ou grandes. Emblématiques ou anecdotiques. Comme un funambule, j'ai oscillé pendant mon enfance entre les deux : la satisfaction de ce que mes parents m'offraient et la puissance du rêve dont j'étais persuadé qu'il deviendrait réalité.

> Les défis, je ne les écarte pas ; ils ont été inventés pour être affrontés justement..

Si je répète à l'envi que je crois aux possibles, c'est que j'ai été à bonne école ! Pour ma mère, rien n'était insurmontable, impossible ; je tiens ça d'elle. Maman cultivait l'exubérance et la générosité que les fées méditerranéennes lui avaient données. Papa, les deux pieds bien ancrés dans la terre bourbonnaise, recadrait cette tribu bohème… sans réellement y parvenir. Le bon sens paysan n'est pas une légende. La preuve : une célèbre banque en a fait son slogan.

Déjà, dans ma drôle de boî-boîte, j'avais en moi ce gène du bonheur. J'étais programmé pour le vivre et en prendre soin de ce bonheur. Je crois même que c'était ma mission première, après survivre ! J'ai toujours aimé songer, rêver, imaginer, croire, concevoir, agir, produire, tester, expérimenter, entreprendre... Tous ces verbes me définissent à la perfection. Papa, lui, n'avait rien d'un doux rêveur. Était-il pessimiste ? Je dirais plutôt que mon père était inquiet. Pas par nature mais parce que son petit garçon n'était pas comme les autres. Mais à cette époque-là, on ne parlait pas de ces choses-là. Encore aujourd'hui, dans certaines familles, le terme « handicap » semble être un gros mot. Une grenade dégoupillée qui peut vous exploser à la figure à tout moment. Une gêne. Une honte. Une tare. Un fardeau. Et qui sait si, en plus, ce n'est pas contagieux ! Une barrière qui vous empêche de vivre, d'espérer, de se projeter. J'avais cette chance : à la maison, le sujet n'était pas tabou. Avec le recul, je dirais que papa avait tout bêtement une trouille bleue, pour moi, pour mon avenir. C'est humain. Sans jamais le formuler, il redoutait les embûches qui n'allaient pas manquer d'entraver ma vie d'homme et de réduire mon parcours professionnel à une peau de chagrin. Peut-être n'osait-il pas m'imaginer avec un métier, des petites amies et, plus tard, une famille ? Quand je suis devenu père, j'ai compris l'essentiel : les enfants ont confiance en eux dès lors que leurs parents leurs accordent leur confiance.

> Déjà, dans ma drôle de boî-boîte, j'avais en moi ce gène du bonheur. J'étais programmé pour le vivre et en prendre soin de ce bonheur. Je crois même que c'était ma mission première, après survivre !

À quoi sont voués les Z'aveugues ? Quel avenir les parents d'un non-voyant, comme on ne disait pas à l'époque, pouvaient-ils lui promettre ? Accordeur de piano, dans le meilleur des cas. Mendiant dans le métro, dans le pire ? Rien n'est garanti ! Mon père devait redouter cette éventualité. Je crois bien que c'était sa hantise. Un chef de famille ne montre ni ses doutes ni ses faiblesses. Papa ne s'en ouvrait jamais à quiconque. Même pas à maman. Surtout pas à maman ! Par pudeur, il ne voulait pas, j'imagine, semer le doute et l'angoisse chez elle et encore moins briser son rêve. À qui voulait l'entendre, ma mère affirmait : « Mon fils sera artiste. » Papa devait se moquer sous cape de ces prédictions farfelues et irréalistes. Mais, franchement, avait-il le cœur à rire ? Je serais plutôt enclin à penser qu'elles lui fendaient le cœur ! Mais dans les années 1950, un homme digne de ce nom ne pleure pas, ne se plaint pas, ne s'épanche pas. Il agit en homme, autrement dit ne dévoile pas ses sentiments. Moi, j'ai choisi d'être le modèle inverse : ne rien dissimuler de mes joies et bonheurs, de mes peines et mes chagrins… Mais je ne suis pas certain d'avoir « choisi » quoi que ce soit. Je suis né comme ça. Maman se berçait d'illusions… qui n'en étaient pas tant que ça ! Et moi, dans tout ça, j'aimais, je profitais, j'appréciais. Comme au temps de mon séjour dans ma boî-boîte, je savourais le peu que je possédais : ce magnifique souffle de vie.

Mon père, qui avait la peur de manquer et le respect des sous durement gagnés, tentait bien de me montrer l'exemple, mais celui de ma mère était bien plus séduisant. Imiter maman, qui ne songeait pas aux lendemains qui auraient pu déchanter, je l'ai fait. Dix fois, cent fois. Et de bon cœur. Et longtemps. Parce qu'il est si doux de ne se priver de rien. De prétendre n'avoir aucune difficulté. Aucune contrainte. On se sent libre et ouvert à tous les possibles, toutes les aventures. De partir n'importe où avec, en poche, un billet d'avion, que l'on aura acheté sans réfléchir. Je ne cherche aucune excuse, mais j'ai une explication. Je ne suis pas, comme vous, confronté aux factures sur papier. Voir de ses yeux – ce n'est pas moi qui ai inventé l'expression ! – une addition et entendre prononcer le montant de la somme due, n'est pas tout à fait la même chose. Désormais, la technologie permet aux non-voyants de lire tout document, mais je vous parle d'un temps que les moins de vingt ans ne peuvent pas connaître, comme dit Charles Aznavour. Il y a seulement une trentaine d'années que je me suis résolu à écouter les conseils judicieux que l'on m'a souvent et longtemps prodigués. Mais, étant plus jeune, je n'écoutais personne. Ni mon père, ni mon premier agent artistique, Maurice Marouani, qui tentaient tour à tour de me faire entendre raison. En vain. Quand les cachets se sont faits plus importants, comme c'était tentant et presque grisant de se laisser aller à quelque folie. Et, au grand dam de Maurice, les impôts à régler l'année suivante, n'étaient pas ma priorité.

Quelle tête de mule j'étais ! Je me suis montré inconséquent et irresponsable. Maureen, la mère de mes garçons aurait pu me ramener sur le bon chemin, mais elle-même n'avait pas le profil idéal pour donner des leçons en la matière. C'est depuis ma rencontre avec Nikole, ma seconde femme, que j'ai enfin pu rectifier mon comportement. J'ai fini par comprendre que jouer les cigales pouvait être dangereux et j'ai eu à cœur d'inculquer cette notion à mes fils. Cela figure dans la très longue liste des devoirs qui incombent à un père. Les artistes ne sont pas les seuls à être confrontés aux revirements brutaux de situation. Il faut s'y préparer et anticiper. Avec Nikole à mes côtés, une ère nouvelle a commencé et se prolonge sans heurts au quotidien. J'ai connu des hauts et des bas, mais désormais, grâce à mon ange gardien, je ne connaîtrai jamais de bas, trop bas. Ils peuvent s'avérer effrayants tandis que les hauts nous exaltent et nous poussent aux folies. En fait, on n'en a pas conscience, mais les hauts nous fragilisent. Ils nous entraînent sur une pente – montante, certes – grisante mais périlleuse.

À l'inverse de ma mère qui me voyait déjà en haut de l'affiche, je sentais mon père beaucoup moins confiant ; sans l'exprimer jamais, il ne nourrissait pas pour son fils de folles ambitions. Ni pour personne d'ailleurs. Et je sais que maman lui en voulait. Ce manque d'envergure, cette abnégation, ce renoncement, cette croix faite, d'entrée de jeu, sur tous les rêves, les possibles, elle ne lui pardonnait pas. Elle aurait voulu que son homme la menât vers le haut. Eh bien, non. Il se contentait de son sort et de ce qu'il avait et ne s'autorisait pas à songer à autre chose de mieux, de plus beau, de plus grand. Le superlatif n'existait pas. Pas question de se projeter avec délice dans un futur prometteur, d'anticiper un problème qui ne manquerait pas de surgir. Mon père était un introverti notoire, mais je n'ai jamais connu de problème de communication avec lui ni avec qui que ce soit d'autre. Parler n'est pas le seul moyen de se faire comprendre et entendre. Regarder n'est pas le seul moyen de voir. Il faut faire appel à tous ses sens et les maintenir en éveil. Ça s'apprend, ça se cultive. Et c'est fou, alors, ce qu'on éprouve. Il faut juste savoir réinventer chaque jour le langage approprié pour tisser des liens avec l'autre.

Du sur-mesure, en quelque sorte. Voyant ou pas, là n'est pas la question. Communiquer, c'est être attentif, rester à l'écoute et ne pas heurter son interlocuteur fût-il son père.

Pour mettre papa de bonne humeur et restaurer l'harmonie qui m'est si chère – vitale, devrais-je dire –, j'avais trouvé une méthode imparable : je m'enquerrais de son travail dont il parlait trop peu et lui jouais des mélodies qu'il affectionnait sur MON piano. J'étais source d'apaisement et j'en éprouvais une réelle satisfaction. Rien ne me réjouit plus que de sentir les tensions s'évanouir. L'extrême complicité qui me liait à ma mère n'ôtait rien à celle qui s'était instaurée entre mon père et moi. Elles n'étaient pas comparables mais d'une même intensité, cependant. C'était un peu comme si j'avais deux univers. Deux points d'ancrage. Deux racines entremêlées. J'ai toujours su confusément que je possédais cette richesse : j'étais libre de me balader d'un monde à l'autre et d'en décoder toutes les règles… Elle qui était volubile et volontaire, qui disait à qui voulait l'entendre : « Gilbert est notre rayon de soleil, il apporte la joie dans la maison. » Lui qui n'avait pas une patience illimitée m'en accordait beaucoup. Comme un cadeau exclusif. Il m'aimait profondément. Et me l'a prouvé de la plus belle des manières. Un jour, j'ai reçu de lui une lettre. La seule qu'il m'ait jamais écrite. Je la garde au cœur comme un trésor. Un acte d'amour et de générosité dont je prends toute la mesure. Évoquer cette missive provoque toujours chez moi une vive émotion. Elle est d'autant plus prégnante que je ne suis plus en possession de ce courrier, malheureusement. Son entreprise l'avait envoyé en déplacement dans le sud de la France, du côté de Port-de-Bouc. Pendant deux mois, mon père et ma mère ont donc vécu, par la force des choses, chacun de leur côté. Vu le peu d'intimité envisageable dans notre appartement, je pense qu'ils ont apprécié cette plage de liberté à sa juste valeur. L'atmosphère était redevenue calme, comme une mer d'huile après la tempête. Plus de conflits, plus de petites disputes du quotidien. La mission confiée à papa nous avait octroyé, *de facto*, un peu de répit à tous. Aux grandes personnes comme aux enfants. Pour souffler. Pour nous retrouver. Papa, lui aussi, devait être particulièrement satisfait de pouvoir s'extirper de cet environnement un peu trop bruyant, un peu trop étouffant. Une fois rentré du travail, le soir, je l'imagine en train de profiter du calme retrouvé dans sa petite chambre d'hôtel. Que fait-il ? Il s'attelle à un exercice inattendu. Muni de son poinçon et de sa tablette – matériel nécessaire pour communiquer avec moi – qu'il a pris soin de glisser en douce dans son bagage, il m'écrit. C'est là tout le paradoxe de la situation. Et toute la tendresse d'un père que l'on pourrait définir, de prime abord, comme bougon et soupe au lait. Il vit loin de sa femme et de ses enfants, peut enfin avoir la paix et nous oublier un peu. Pourtant, c'est à moi qu'il songe. C'est pour moi qu'il se donne tout ce mal. Un père qui apprend le braille en cachette – personne n'en a jamais rien su – pour communiquer avec son fils, n'est-ce pas là la plus belle déclaration d'amour paternel ? Il n'a jamais été aussi près de moi que ce jour singulier où j'ai lu sa petite lettre.

S'il y a peu de « contre », il y en a tout de même. Petit, on ne peut s'en rendre compte, mais ce sont les petits détails du quotidien qui nous collent à la peau, qui s'invitent dans nos mémoires et nous guident, plus tard, quand nous sommes devenus des grandes personnes. Devenir adulte, ça s'apprend, ça se travaille, mais point trop n'en faut. Garder son âme d'enfant, c'est ne pas mal vieillir, ne pas s'abîmer, ne pas s'étioler ou risquer de se métamorphoser, au fil des ans, en une personne désenchantée, désabusée, blasée, voire aigrie. Quand elle était interrogée sur son âge et ses désagréments, Jeanne Moreau répondait. « On ne vieillit pas, on grandit. » Et en grandissant, nous choisissons de reproduire ou pas certains schémas que nos parents ont instaurés. De pérenniser des codes, d'en bannir d'autres. De conserver les valeurs qui nous ont semblé si belles… Il nous faudra faire le tri. Conserver les bons réflexes. Chasser les mauvais. Et inventer d'autres habitudes, d'autres certitudes. Si seulement, c'était si simple !

Devenir adulte, ça s'apprend, ça se travaille, mais point trop n'en faut. Garder son âme d'enfant, c'est ne pas mal vieillir, ne pas s'abîmer, ne pas s'étioler ou risquer de se métamorphoser, au fil des ans, en une personne désenchantée, désabusée, blasée, voire aigrie.

À l'aune de ce que j'ai vécu jusqu'à mes seize ans, âge où j'ai pris mon envol sans trop leur demander leur avis, je peux aujourd'hui affirmer que mes parents ont été les artisans de ma vie, de mon bonheur, de mon équilibre. Avec leurs peurs, leurs angoisses, leurs défauts, leurs qualités, leurs maigres connaissances et des moyens qui l'étaient tout autant, ils ont fait avec ce qu'ils avaient et ce qu'ils étaient. Ils ont laissé leur instinct parler. Leur cœur surtout. Et leurs caractères respectifs, diamétralement opposés, se sont chargés du reste… Qui a dit que le plus difficile de tous les métiers était celui de parents ? Les miens s'en sont plutôt bien sortis ! Je me suis construit avec et contre tout ça. Et je puis affirmer que mes tendres années m'ont ancré dans la vie de manière saine et solide. Et puis, surtout, j'ai eu de l'amour à revendre.

Jamais, je n'ai, comme certains fils jugent bon de le faire, pris mon père pour modèle. Non pas qu'il n'en fut pas un car ses qualités d'homme courageux, honnête, généreux n'étaient pas à démontrer. Le rêve, m'a toujours permis d'aller plus loin, de me dépasser, de me challenger, dirait-on aujourd'hui au sein d'une start-up ! Renoncer à mes rêves, pas question !

Mon père avait aussi un trait de caractère qui me déplaisait souverainement. Il poussait de sacrées gueulantes. La violence verbale m'a toujours perturbé. Tout petit, je n'aimais pas ça. Dès que j'ai pu m'isoler, me retrouver au calme, prendre la tangente, je l'ai fait. D'ailleurs, quand j'y repense, j'avais un de ces culots. Dans notre logis exigu, mes parents avaient bien du mal à profiter de leur espace car je squattais leur chambre. Et j'avais, de surcroît, l'outrecuidance de bien fermer la porte pour que le message soit compris. La solitude n'est pas un fardeau quand elle est souhaitée. Je suis bien avec les autres mais je ne recherche pas la fréquentation de mes semblables à tout prix. Seul avec moi-même, je suis bien. L'important, c'est d'avoir un socle, de ne pas avoir peur de soi-même. Être en ma propre compagnie ne me désole pas. Au contraire. C'est une étape vitale, un rite nécessaire pour ne pas se perdre. Comme du temps ancien où, lové au fond de ma boî-boîte, je m'intériorisais. En anglais, on dit : *pull myself together*. J'aime ça, me rassembler, regrouper tous les bouts de moi pour ne faire qu'un. Me reconstituer, en quelque sorte. Repartir au fin fond de mon être pour y puiser force et conviction, chercher des explications, des réponses, des sensations, de l'apaisement, de la plénitude, de la spiritualité pour retrouver mon corps et mon cœur, libérés des petits parasites environnants qui vous polluent l'existence et qui vous font perdre de vue votre essentiel. Aller à la genèse de soi-même. Et si c'était ça la paix intérieure ?

Le rêve, m'a toujours permis d'aller plus loin, de me dépasser, de me challenger, dirait-on aujourd'hui au sein d'une start-up ! Renoncer à mes rêves, pas question !

Chapitre 5

La petite musique de mon enfance

Si la musique nous est si chère, c'est qu'elle est la parole la plus profonde de l'âme, le cri harmonieux de sa joie et de sa douleur

Romain Rolland

Des cinq sens qui sont attribués à l'homme, le toucher, le goût, l'odorat, l'ouïe et la vue, j'en ai quatre à ma disposition. Je les cite dans l'ordre précis où ils se développent en nous et je bénis le Ciel de m'avoir offert un tel cadeau. Certes, le dernier n'a pas pu répondre présent. Ne l'ayant jamais rencontré, je n'ai aucune notion de ce qu'il peut être, alors comment pourrait-il me manquer ? Ces sens qui s'offrent à moi, je les sollicite sans me poser de questions. Ils me livrent des tonnes d'indications précieuses, me renseignent sur les êtres, les objets, l'environnement, les humeurs… Grâce à eux, j'ai une vision précise des choses. Comme tout un chacun. L'odorat et le goût m'ont tout de suite adopté et invité à la découverte, à toutes les découvertes. C'est un peu comme s'ils m'avaient pris dans leurs bras. Avec eux, je vis des aventures et je vibre à l'envi. J'apprécie, comme tant d'autres individus, la saveur d'un mets et mon palais, toujours à l'affût de nouvelles expériences, fonctionne à merveille. Je me laisse volontiers aller à l'émotion que procure un grand cru. Je suis un gourmet, un gourmand, un amateur des plaisirs de la table. L'épicurien dans toute sa splendeur ! J'en veux pour preuve ma dernière folie : accepter l'invitation improbable d'une chaîne de télévision à participer à un concours de… pâtisserie. Plus que de mon bec sucré et de ma curiosité insatiable, il a été, avant tout, question d'audace et de challenge. Encore une fois.

Les odeurs, elles, ont toujours eu une grande importance dans mon quotidien et ont émaillé ma mémoire. Effluves, fragrances, fumets, parfums, arômes… Qui n'a pas des réminiscences olfactives spécifiques liées à son enfance ? La cueillette des champignons dans un sous-bois, un bouquet de fleurs, un champ de lavande, une orangeraie… Pendant la période où j'habitais dans ma boî-boîte, les odeurs me décontenançaient car elles étaient synonymes de produits médicamenteux difficilement identifiables et me renvoyaient à ma condition de grand préma sous haute surveillance. Celles de mes jeunes années rue des Pyrénées étaient tout autres. J'ai, par exemple, des souvenirs prégnants de la fumée qui s'échappait du poêle à charbon chez nous en plein hiver, de l'odeur tenace et presque entêtante du cirage Barane dont mon père enduisait généreusement sa lourde veste de cuir, de la cire d'abeille avec laquelle maman encaustiquait le parquet et les meubles.

Que dire de l'ouïe ? Que c'est mon sens préféré. Qu'elle me permet de me régaler et de m'émouvoir en tout premier lieu du chant des oiseaux, les premiers musiciens au monde. Quand, au petit matin, sur une terrasse à Tel-Aviv, j'entends chanter ce que je me figure être l'oiseau de la Terre promise, je ne cache pas mon émotion. Mieux, j'y vois tout un symbole. Je n'oublierai jamais non plus qu'un oiseau, en sifflant sa mélodie dans une forêt de l'Allier, le pays de MA racine paternelle, m'a inspiré un de mes plus beaux succès. J'estime que nous, les musiciens, qui croyons tout maîtriser sur le bout des notes, nous avons beaucoup à apprendre d'eux. Encore faut-il savoir les écouter et vivre en harmonie avec ces créatures magiques.

Que dire de l'ouïe ? Que c'est mon sens préféré. Qu'elle me permet de me régaler et de m'émouvoir en tout premier lieu du chant des oiseaux, les premiers musiciens au monde.

Il y a plus de cent synonymes au mot « son », selon qu'il est paisible, doux, chuchotant et enchanteur ou puissant, agressant au possible et effrayant. C'est à la fois prodigieux et fascinant la gamme de sentiments qu'il nous permet d'exprimer. Ce quatrième et dernier sens qui m'a été octroyé, m'a comblé au-delà de toutes mes attentes. Très tôt, j'ai eu accès à la musique. Et nous nous sommes plu tout de suite. Elle est entrée en moi pour ne plus jamais me quitter… Petit, j'entendais les disques que maman et papa posaient sur le tourne-disque familial : Piaf, Aznavour ou encore The Jazz Messengers que mes frère et sœurs affectionnaient… Avec l'aiguille, le diamant, qui pouvait crachoter affreusement lorsqu'une poussière infime s'était glissée dans un microsillon. Grâce à maman, qui m'a inscrit à l'âge de cinq ans à des cours de piano, j'ai compris que la musique ferait partie de moi, telle une alliée, une confidente. Pour longtemps. Elle et moi, nous allions faire un sacré bout de chemin ensemble. La prof qui nous enseignait le piano dans mon école pour non-voyant à St Mandé, n'était pourtant pas la gentillesse incarnée, mais il en aurait fallu davantage pour me décourager. La musique m'a tout donné. Elle m'a ouvert ce champ des possibles auquel j'ai cru dès mon premier souffle. Elle m'a guidé, construit, galvanisé, inspiré. Avec elle, j'ai trouvé ma voie. Elle a tout simplement fait de moi ce que je devais être. À l'inverse des petits garçons qui croient dur comme fer à leur précoce vocation, je ne me voyais pas pompier ou pilote, je voulais être musique.

Très tôt, j'ai eu accès à la musique. Et nous nous sommes plu tout de suite.

Le jour où la cheminée de l'appartement a été démolie à grand renfort de coups de masse, alors que c'était parfaitement interdit par notre bailleur – nous étions locataires – j'ai eu la preuve, s'il en fallait une, que j'étais aimé par mon père d'un amour inconditionnel. Qu'il était capable de soulever des montagnes pour moi et d'accepter le fait que son fils allait peut-être se construire un avenir pour plus tard. Pour le jour où, devenu grand, il sera en quête d'un métier. La cheminée a donc laissé sa place à… un piano droit. MON piano. Avec quelles économies ? Toujours la sempiternelle interrogation. Maman n'avait pas de bas de laine. Avait-il été acheté comptant ou à tempérament ? Une fois de plus, je la soupçonne d'avoir agi en cachette de mon père et de ne pas lui avoir annoncé ce qu'elle manigançait. Ma mère a mené l'affaire tambour battant ; elle m'a lu l'annonce collée sur la porte d'un immeuble près de la rue des Pyrénées. « Piano à vendre ». Je m'en souviens comme si c'était hier. Elle m'a emmené avec elle à l'adresse indiquée et a discuté avec la femme qui vendait l'instrument ; je me rappelle encore cette somme faramineuse qu'il lui fallait débourser et surtout trouver : 25 000 anciens francs.

Toujours est-il que cet instrument du bonheur a fait une entrée triomphale dans notre modeste logis. Comme toujours avec maman, tout fut simple – pour moi, en tout cas – et rondement mené. Devenu adulte, je n'ai jamais laissé traîner les choses ; je tiens ça d'elle, probablement. Je frise parfois l'impatience. Devant le fait accompli, mon père avait dû lui dire sa façon de penser, mais il était trop tard : le bien était fait ! Aujourd'hui encore, je peux sentir l'odeur du bois bien ciré de mon piano. Papa et Michel sont allés prendre livraison de l'instrument. Pas question de faire appel à des déménageurs spécialisés. Ils ont chargé le piano sur leur dos et ont ainsi grimpé les 5 étages. Entre-temps, nous avions pu emménager juste à l'étage en dessous. Luxe suprême, nous avions désormais, outre la cuisine et l'unique chambre, une salle à manger en plus. Cette vraie chance, nous l'avons due à notre voisine un peu dérangée pour ne pas dire complètement cinglée. Elle vivait avec des oiseaux en liberté chez elle, ne parlait à personne dans l'immeuble. J'ai su qu'elle mettait le couvert pour un invité imaginaire alors qu'elle dînait seule tous les soirs. Ce mystérieux invité,

Édouard, a peut-être existé, après tout. Peut-être l'avait-il quittée ou était-il mort ? Contre toute attente, elle avait consenti à échanger son appartement avec celui de mes parents qui voyaient là une opportunité inespérée d'améliorer notre confort. C'était une véritable aubaine, mais vu la personnalité de cette étrange femme, maman n'avait qu'une crainte : qu'elle ne change d'avis au dernier moment. Une fois installés dans notre nouveau nid, quelle ne fut pas la surprise de toute la famille de constater que notre étrange voisine avait conservé un double des clés. Elle venait chaque soir fermer NOS volets ! Mon père a mis le holà très vite ; il a changé les serrures et l'incident fut clos.

Entre ma mère et mon père, il y eut des orages, comme dans *La Chanson des vieux amants* de Jacques Brel. À cause de l'histoire du piano ou peut-être pas. Pour des motifs plus futiles, le plus souvent. Il suffisait de presque rien pour que l'étincelle jaillisse. Et plus d'une fois, ces orages, je les ai entendus gronder. Trop souvent. Jamais, je n'ai aimé les cris. Ce besoin intrinsèque d'harmonie et de calme m'est resté. Le silence que l'on déchire pour un oui ou pour un non, ce n'est pas pour moi. Quand le ton montait, je me réfugiais chez les voisins qui me recevaient à bras ouverts. J'avais à ma disposition, quels que fussent le jour et l'heure, deux appartements où j'étais une sorte d'invité permanent accueilli par des confiseries et des paroles bienveillantes. J'avais, pour ainsi dire deux annexes pour m'évader dans tous les sens du terme. Et je ne m'en privais pas. « C'est moi, Gilbert » suffisait à me garantir un accès illimité. Un Sésame ouvre-toi. Rendez-vous compte de ma chance ! J'ai toujours eu une approche des bruits très personnelle. Cette façon que certaines personnes ont de hausser le ton me poursuit encore parfois. Par exemple, quand je suis dans la rue, et que quelqu'un m'interpelle avec véhémence, « Hé ! Gilbert Montagné », cela me fait presque peur. Cette façon de m'apostropher n'est jamais agressive mais toujours surprenante à mes oreilles. Elle rompt l'harmonie et instille en moi une sorte d'inquiétude qui me fait immanquablement sursauter.

À propos de bruit, j'ai fait tressaillir toute la famille un jour que j'espérais avec fébrilité. À dix-sept ans, avec mes premiers cachets de musicien, j'avais décrété que je ferais installer le téléphone. Il fallait à l'époque attendre trois ans pour obtenir un numéro, mais les Z'aveugues avaient la priorité. Alors, je n'ai pas hésité une seconde. J'ai profité de cette aubaine et déboursé la somme de 25 000 anciens francs. Et, pour que la surprise soit complète, une fois le combiné de bakélite installé dans l'appartement, j'ai foncé au bistrot du coin, acheté un jeton et appelé… chez nous.

Sur le mur, la sonnette tonitruante a fait sursauter toute la maisonnée. Et mon père a compris qu'une fois de plus, on avait conspiré dans son dos. Cet étrange objet était arrivé tel un clandestin chez nous. Je me rappelle encore notre numéro, Ménilmontant 97 59 qui fournissait des indications sur le quartier de Paris où l'on habitait. Aujourd'hui, les dix chiffres composés me donnant pas nécessairement d'informations géographiques sur la provenance du numéro. Pour moi, le téléphone était un outil de communication indispensable. Papa n'a pas pipé mot. Ce jour-là, j'ai été surpris et heureux d'entendre mon père me dire : « Eh bien, tu gagnes presque plus que moi ! » Cette simple phrase recelait tout : son bonheur, sa fierté et son soulagement. Il savait désormais, preuve à l'appui, que son fils allait mener une vie « normale ». Ce premier contrat inopiné, je le dois indirectement à Claude, mon oncle. Il possédait une petite maison près de Nemours où je me rendais assez peu souvent. Daniel, mon cousin, était batteur et ensemble, nous étions heureux de nous retrouver pour faire des bœufs même si les occasions étaient trop rares à notre goût. Un chef d'orchestre, en quête d'un jeune musicien pour tourner dans les bals de la région, avait envoyé un télégramme chez Claude, lui demandant de lui passer un coup de fil de toute urgence. Mon oncle s'exécute et fonce au bistrot du coin pour le joindre. Mais au fil de la discussion, il comprend que son fils Daniel ne correspond pas au profil recherché car le chef d'orchestre a besoin d'un clavier. Je rends hommage à sa présence d'esprit. « Ah ! Vous avez de la chance, mon neveu Gilbert est là tout le week-end et il est clavier. » Le hasard, qui fait toujours bien les choses, a voulu que je sois là ce jour-là. Et de surcroît, j'avais embarqué mon orgue. La chance, mon alliée de toujours... J'ai joué quelques notes à la demande du chef d'orchestre et il m'a aussitôt engagé. Mes pauvres parents ! Je leur ai joué un bien mauvais tour car, bien sûr, ils n'ont pas tardé à découvrir le pot aux roses : à la suite de ce contrat signé en douce à la campagne, j'avais foncé chez le directeur pour lui signifier mon départ du collège. De ma propre initiative et sans aucune permission parentale, j'avais recouvré la liberté.

J'étais bien dans ma vie, telle qu'elle m'avait été offerte et gagnée de haute lutte. Mais celle qui se dessinait, sous le signe de la musique, me plairait encore plus. J'allais, à n'en pas douter, en faire quelque chose. Et quelque chose de bien ! Du plus loin qu'il m'en souvienne, je n'ai jamais eu l'idée de lutter contre ce que j'étais. Avec le recul, je comprends que papa et maman se soient fait un sang d'encre. C'est inhérent au métier de parents. Surtout papa. Il craignait que je souffre de ma différence. Que j'en bave. Que je n'aie pas droit au bonheur. Mais peut-être est-il parti rasséréné. Car avant son départ pour ce grand et mystérieux voyage, il a pu constater que je ne perdais pas de temps à me consacrer à ce qui pouvait me faire du mal mais plutôt à m'ouvrir à ce qui me faisait du bien. Je crois que je suis né comme ça. Que c'était ma profonde nature, ma marque de fabrique. Maman, elle, savait. Elle a pu partir sereine, je pense. Elle savait que son petit Gilbert aurait une belle vie. Et elle n'y est pas pour rien.

> Je suis convaincu qu'il y a autre chose. Un ailleurs céleste, un havre de paix et d'amour où nous nous retrouverons, paisibles et heureux et libres, débarrassés de tous les carcans et autres diktats. Sinon, à quoi notre présence ici-bas aura-t-elle servi ?

Quand le moment de rejoindre mes chers parents sera venu – mais y a pas le feu, comme on disait du côté de Ménilmuche –, une fois que ma vie terrestre aura pris fin, une autre tout aussi foisonnante et passionnante se profilera, j'en suis intimement persuadé. Une fois réunis là-haut, nous aurons tant à nous dire. J'aurai tant à leur raconter, à partager. Je leur confirmerai alors que chaque seconde de petits plaisirs futiles et éphémères et de grands bonheurs tangibles ont été vécus intensément et appréciés à leur juste valeur ! Oui, là-haut. Car je suis convaincu qu'il y a autre chose. Un ailleurs céleste, un havre de paix et d'amour où nous nous retrouverons, paisibles et heureux et libres, débarrassés de tous les carcans et autres diktats. Sinon, à quoi notre présence ici-bas aurait-t-elle servi ?

Je leur dirai alors merci pour ce qu'ils m'ont donné, appris, transmis… De m'avoir élevé comme mes frère et sœurs. De m'avoir inculqué les mêmes valeurs. Sans passe-droit, sans faire la différence, sans me blesser jamais, sans me surprotéger et donc me sur-handicaper. Ils m'ont mis sur les bons rails. La douce musique qui a bercé mon enfance et mon adolescence m'a armé pour traverser la vie. Et c'est à eux que je le dois. Ces êtres ordinaires se sont comportés d'une manière extraordinaire. Jamais, ils n'ont eu honte de moi. Jamais, ils ne m'ont écarté de leur vie au prétexte que je ne pouvais pas voir. Ils avaient compris que je voyais parfaitement mais autrement. Jamais, ils n'ont entrepris une sortie, une activité sans moi. À la maison, j'ai eu droit aux mêmes réprimandes, aux mêmes compliments, aux mêmes engueulades, aux mêmes récompenses, sans jamais me marginaliser, sans traitement de faveur. Juste avec un petit supplément d'amour, comme souvent les petits derniers. J'étais comme Michel, Jeanine et Claudine, qui me l'ont confié bien plus tard : m'avoir eu pour petit frère leur a apporté beaucoup. Une ouverture d'esprit, une tolérance envers autrui. Sans cela, ils n'auraient pas pu appréhender la différence, toute forme de différence.

Il est évident que mes frère et sœurs ont *de facto* adopté la bonne habitude : ne pas se poser de question, balayer la gêne, l'hésitation ou la simple timidité, agir pour se mettre à la portée de l'autre. Et à son service le temps de quelques secondes.

Ce n'est pas parce que l'on est en fauteuil ou non-voyant que l'on doit trouver chose normale que de se montrer aigri, voire agressif vis-à-vis du reste du monde qui n'y est évidemment pour rien. C'est très dommageable car cela pénalise en somme toute la communauté. À ce point, je veux être clair, il ne s'agit certainement pas de laisser quiconque marcher sur votre dignité mais il y a tout simplement une façon de faire en étant ferme, souriant mais pas stupide.

Il est vrai pourtant qu'à l'époque de mon adolescence, combien de fois me suis-je laissé embarquer – notamment dans le métro – dans des directions totalement opposées de celles où je voulais me rendre. Je ne voulais pas refuser catégoriquement cette aide dont je n'avais pas toujours besoin, par ailleurs. Sans doute un peu réservé. Je me disais que si je déclinais leur offre, ils n'aideraient plus jamais personne à l'avenir. Les rares fois où j'osais un timide « Vous êtes sûr ? », je ressentais immédiatement une forte réaction. C'était comme si on me disait tout bas, mais assez fort pour que je l'entende : « Non, mais c'est tout de même pas un aveugle qui va nous dire comment faire ! »

Il va sans dire que c'est aussi à nous, – personnes en situation de handicap – de faire preuve d'une certaine délicatesse. S'imposer, s'affirmer, ne pas se laisser marcher sur les pieds ou maltraiter tout en ne dissuadant pas les élans spontanés La frontière est ténue. Avec le recul, cette expérience m'a aidé à trouver ma place dans la société en général et à vivre pleinement, sereinement mon métier d'artiste où l'on communique sans cesse, et avec tout le monde.

Il faut combattre les jugements hâtifs, les idées reçues et les préjugés. Je m'y emploie et je tente de chasser mes propres a priori. Cependant, j'ai le sentiment que les voyants n'ont pas tant que ça besoin de communiquer. Ai-je tort ou raison ? Je constate simplement que certains poncifs ont la vie dure. Je ne m'explique toujours pas l'image salace véhiculée par certains voyants qui s'imaginent qu'on a les mains partout. Quelle vision dégradante de notre condition ! Bien sûr, pour « voir » une personne, il me faut toucher son visage, sa chevelure, son vêtement. Je suis un hyper-tactile, un sensoriel mais ce qui m'intéresse en premier lieu, c'est ce qui va jaillir de l'âme de la personne. Et si je ne ressens pas un bon feeling émanant de celle ou de celui que j'ai devant moi, il est clair que mon envie de pousser plus loin mes investigations intérieures s'en trouvera atténuée.

Comme quoi, on a tous des a priori ! Les voyants communiquent avec les yeux et je ne démens pas que cela doit être révélateur d'une personnalité car beaucoup de choses se passent, paraît-il, avec le regard. Quant à la couleur des yeux et la couleur tout court, elle ne m'évoque rien. Il faut juste admettre qu'une autre forme de communication est possible, c'est tout. Je ne saurai dire si l'imaginaire est davantage développé chez les non-voyants, mais force est de constater que nous avons davantage d'occasions de nous en servir ! Et cela me permet d'entreprendre de beaux voyages intérieurs ! Un de mes amis, non-voyant de naissance, vit depuis toujours dans l'idée qu'il ne « verra » jamais rien ; ses parents l'en ont persuadé dès sa petite enfance. Je ne suis ni une exception ni un modèle. Juste une individualité. Je ne peux donc parler que pour moi.

Que ses yeux soient en état de marche ou tout cassés, chaque individu a un ressenti qui lui est propre. Une personnalité. Un caractère. Des aptitudes. Des failles aussi. Des déserts. Nous sommes faits de tout cela. Et de ce fait, nous sommes uniques. Je veux vous confier une petite devise qui est mienne. « Nous sommes tous différents et importants. »

> Le bonheur ne se mérite pas ; il se travaille jour après jour, il s'apprend et se surveille comme le lait sur le feu. Il requiert une attention de tous les instants…

Dans ce bas monde, je ne joue pas les redresseurs de torts, mais je veille à mon bien-être, à celui de mes proches et de mes congénères. C'est comme si la Vie m'avait élu, moi, Gilbert, le ch'tit gars qui voit pas clair, pour être le détenteur d'un formidable secret : « Bats-toi ! Pour toi. Pour autrui. Sache-le, tu as droit à tout. Absolument tout. Rien ne t'est interdit pour peu que tu le désires ardemment. Rien ne s'oppose à ce que tu mènes une existence « unique », joyeuse, réussie, comblée. Ni toi ni tes parents n'avez reçu le mode d'emploi, mais tu dois le puiser en toi, l'inventer chaque jour. C'est cela le sel de la Vie. » Le bonheur ne se mérite pas ; il se travaille jour après jour, il s'apprend et se surveille comme le lait sur le feu. Il requiert une attention de tous les instants… C'est ce que j'essaie de transmettre à mes petits-enfants.

Cette force qui m'a été insufflée, cette liberté de penser, d'agir et de choisir qui m'a été offerte, ne pouvaient que susciter en moi joie et gratitude. Immenses, c'est peu de le dire…

La Vie est un bien précieux, un trésor. Il faut la respecter, l'honorer, ne pas la gaspiller et la mettre à profit pour donner à autrui. En jouir chaque seconde. Je la sais fragile et je ne suis pas le seul. Dans une de ses chansons, Alain Souchon a quasiment repris les mots célèbres d'André Malraux : « Une vie ne vaut rien mais rien ne vaut la vie. »

Chapitre 6

À l'attente, je préfère l'espoir

L'amitié double les joies et réduit de moitié les peines

Francis Bacon

Tout le monde connaît la célèbre déclaration ô combien poétique de Michel de Montaigne envers son ami, l'écrivain Étienne de La Boétie. « Si on me presse de dire pourquoi je l'aimais, je sens que cela ne se peut exprimer, qu'en répondant : Parce que c'était lui, parce que c'était moi. » Quel plus bel éloge de l'amitié peut-on rêver ! Cela fait résonner en nous nos amitiés anciennes, ancrées dans la petite enfance ou la jeunesse. Lorsqu'elles sont dignes de ce nom, elles perdurent au-delà des différends, des fâcheries enfantines… Elles ne souffrent pas de l'usure du temps. C'est le cas du lien indéfectible qui nous unit Bernard et moi depuis nos tendres années. Bernard, non-voyant comme moi, et dont les adorables parents m'ont gâté comme un fils, occupe une place de choix dans ma vie. Et moi, dans la sienne.

Nous nous connaissons depuis soixante-trois ans. Et depuis tout ce temps, nous faisons la paire ! Jamais le fil ne s'est interrompu ni même effiloché ou distendu. Aujourd'hui, nous veillons l'un sur l'autre et l'autre sur l'un.

Pour moi, comme pour pas mal de monde, j'imagine, l'amitié constitue un réel sujet. C'est le pilier central d'une vie, assurément. Une colonne vertébrale qui vous permet de tenir debout quoi qu'il advienne. C'est aussi et surtout un sentiment qui nous nourrit, nous accompagne, nous inspire, nous apaise, nous protège et nous console. Souvent, il nous galvanise et nous permet de nous dépasser. Et toujours, il nous incite à donner à l'autre, à lui témoigner notre attachement, notre confiance et notre dévouement. À lui rendre la vie plus douce, plus facile, plus joyeuse… Et c'est en cela qu'il nous fait avancer et progresser. Ce sentiment si singulier nous fait vivre et nous comble. Je plains ceux qui n'ont pas la chance de connaître ce bonheur.

Et je sais qu'ils sont nombreux, malheureusement, à vivre dans la solitude. Je suis tombé par hasard sur ce mot très juste d'un écrivain philosophe du XVIIe siècle qui m'était jusqu'alors inconnu, Baltasar Gracian : « Il n'y a point de désert si affreux que de vivre sans amis. » Quatre siècles plus tard, nous pouvons toujours affirmer que le manque affectif est source de bien des maux. Ce désert peut parfois avoir des incidences dramatiques et irréversibles sur nos destins. À trop souffrir de solitude, des êtres fragilisés, se sentant au fond du gouffre et abandonnés, peuvent en arriver à mettre fin à leurs jours. Nous sommes faits pour avoir des amis, des amours et... des emmerdes. Des échanges qui font battre notre cœur d'une manière ou d'une autre. Les amis s'imposent comme des partenaires de vie indispensables. Toutefois, il faut les choisir avec discernement. Des amis, il n'est point besoin d'en collectionner.

Moi, le geek toujours heureux de découvrir et d'utiliser toutes les possibilités qu'offre la technologie, je me méfie de cette tendance où l'amitié est parfois considérée et vécue de manière superficielle, éphémère et donc pas vraiment authentique. Galvaudé, le mot – et, par voie de conséquence, l'idée – est mis à toutes les sauces. De quoi parlons-nous ? Assurément pas des centaines ou des milliers de *followers* qui *like* à tout-va. C'est sympathique, spontané mais sans profondeur. Sans réel engagement ni impact. Sans grande valeur, serais-je tenté de dire. Cela n'a aucune comparaison avec ce qui unit des êtres qui ont des centres d'intérêt, des avis, des prises de position et des goûts en commun. Et parfois, et c'est là la magie de ce sentiment, rien de tout cela ne s'intellectualise. On se plaît comme ça. On s'attire sans raison. Sans être capable de l'expliquer. Question de feeling. On se reconnaît sans se connaître. Alors, on n'éprouve pas le besoin de parler, de bombarder l'autre de questions et de fournir des réponses circonstanciées pour s'accepter mutuellement. Ça nous tombe un peu dessus. Encore une des belles surprises de la vie qui n'en finit jamais de nous étonner.

> L'amitié constitue un réel sujet. C'est le pilier central d'une vie, assurément. Une colonne vertébrale qui vous permet de tenir debout quoi qu'il advienne. C'est aussi et surtout un sentiment qui nous nourrit, nous accompagne, nous inspire, nous apaise, nous protège et nous console.

Certains pensent que l'amitié requiert la même exigence que l'amour. Je suis de cette trempe.

Dans ma vie publique, on ne me voit pas dans les clubs et les endroits branchés entouré d'une bande – pour ne pas dire d'une cour – parce que tout simplement, je n'en ressens pas le besoin. Cela ne veut pas dire que je n'aime pas faire la fête et que je n'ai pas plaisir à croiser certains de mes confrères musiciens, chanteurs… Dans ma vie privée, c'est la même chose. Je trouve que compter ses amis sur les doigts des deux mains, c'est déjà formidable. N'allez pas croire que je me suffis à moi-même ou que je joue la carte de la parcimonie ! En matière de sentiment – c'est bien ce dont il s'agit –, la qualité est préférable à la quantité. J'enfonce des portes ouvertes, ça fait moins mal ! Plus sérieusement, pourquoi suis-je sélectif en amitié ? Parce que je fais le distinguo entre deux formes d'amitié : celle que l'on donne à tout le monde et l'autre où l'on entre dans l'intimité de l'amitié.

Quand on m'arrête dans la rue pour bavarder avec moi ou que je me trouve sur scène, je donne, à un instant T, une forme réelle d'Amour/Amitié aux personnes présentes. Mais elle est un peu différente de celle que je peux offrir à un ami proche. Elle n'en est pas moins sincère. Il n'y a pas toute une histoire vécue en partage, tout un background... Tout est à construire, rien n'est figé. Une fois que je décide qu'une personne fera partie du groupe, elle y entrera pour de bon et à jamais.

Je réalise combien la place de l'amitié a été et est toujours prépondérante dans ma vie. Qui m'a montré le chemin dans ce domaine ? Mes parents n'ont pas pu s'appuyer sur cette force supplémentaire. Ils n'avaient pas trop le temps de cultiver les liens amicaux, trop occupés à faire bouillir la marmite, pour papa, et à veiller sur quatre enfants, pour maman. Peut-être considéraient-ils l'amitié comme un luxe qu'ils ne pouvaient s'offrir. Faute de temps… Maman avait bien trop à faire. Cependant, en vraie Méditerranéenne, elle aimait partager et bavarder et ne devait pas s'en priver ! Dans le voisinage, dans notre immeuble, chez les commerçants… Mais je n'ai pas souvenance, comme on le voit dans les livres ou dans les films, d'une mère qui quittait son foyer pour aller prendre un thé chez une amie, par exemple. En revanche, comment oublier Mme Renard, qui s'imposait à la maison sans vergogne ? C'était, par la force des choses, une « amie » de la famille plutôt envahissante ! Quand la télévision a fait son entrée triomphale dans notre maison, je vous laisse imaginer ma joie mais cela a également provoqué la joie de Mme Renard qui a très vite pris la mauvaise habitude de venir squatter chez nous. Je me rappelle qu'il n'y avait qu'une seule chaîne, en noir et blanc cela va sans dire, et deux boutons à actionner : un pour le volume et un autre pour régler le contraste. Elle avait le chic pour débarquer systématiquement à l'improviste. Pour nous mettre au lit après le film ou la dramatique proposés, il fallait attendre que Mme Renard daigne prendre congé pour pouvoir déplier le canapé. Je me demande comment mes parents supportaient cette intrusion.

Beaucoup de femmes restent attachées à un être proche et indispensable qu'elles définissent, d'une manière un peu enfantine, comme leur « meilleure amie ». Maman en avait-elle jamais eu une ? Si cela avait été le cas, elle aurait pu alors lui confier ses secrets de vie de femme, ses angoisses les plus intimes surtout pendant le terrible épisode de l'avortement raté. Un soutien précieux sur lequel elle n'a sans doute pas pu compter. Papa qui, à l'inverse, n'était pas fort pour extérioriser ses sentiments ni même parler tout court, avait probablement des collègues avec lesquels il entretenait de bons rapports. Mon père a toujours été très apprécié. Mais consacrait-il du temps, lui aussi, à cultiver l'amitié ? Je ne le crois pas. Et avec le recul et l'analyse de la situation familiale, l'amitié symbolisait une sorte de luxe. Du superflu.

Au moment où je m'interroge sur la question, je réalise que mes tous premiers amis ont bien sûr été mes camarades de classe, chronologiquement, en tout cas. Je les triais sur le volet. Je veux dire par là que je ne fréquentais que les plus délurés, les plus hardis. Les autres, les timorés, ne m'attiraient pas. Moi, je voulais aller de l'avant et instinctivement, je m'entourais de rock 'n' rollers, si je puis dire. Je comprenais que je devais me frayer un chemin et qu'il était hors de question d'être ralenti dans mon élan par des êtres craintifs ou peu entreprenants, fussent-ils de gentils camarades. Aussi étrange que cela paraisse, mes voisins, Nénette et M. et Mme Chanteau, ont été, en quelque sorte, mes amis d'enfance. Des amis intimes. C'étaient pourtant des grandes personnes mais elles m'ont choisi autant que je les ai choisies. Nous nous sommes plu tout de suite. Elles m'ont nourri d'amitié et tout donné : leur regard bienveillant, leurs attentions de tous les jours, leur disponibilité pour m'écouter, partager, me montrer, me raconter... Dès l'âge de 4 ans, je naviguais déjà d'un appartement à un autre. Mes parents n'y trouvaient rien à redire et hormis quelques « Mais où est-ce que tu vas encore ? », ils avaient l'intelligence de comprendre mon besoin de m'évader. C'est ainsi que j'ai appris l'amitié. Avec eux. Grâce à eux. Ils sont devenus des membres à part entière de ma famille. Et, en parcourant les coulisses de ma mémoire, je ressens encore très fort le plaisir qu'ils avaient de m'accueillir. Je sentais qu'ils étaient contents de me voir. Et j'aimais aussi que cette relation ne se vive pas à sens unique. Je crois que chacun de nous comblait un vide affectif.

M. et Mme Chanteau étaient les parents d'un fils très lourdement handicapé qui est décédé à 30 ans. Maman m'a raconté que parfois, lorsqu'elle confiait, désemparée, son inquiétude sur mon avenir, sa voisine la consolait : « Mais, madame, vous n'imaginez pas ce que j'aurais donné pour avoir un garçon comme votre petit Gilbert ! » Ces relations magiques m'ont construit dans ma petite enfance ; je n'ai pas eu le temps de me poser les questions qui freinent les élans. Et c'est à ces personnes généreuses et tolérantes que je le dois. Jamais elles ne se sont posé la question de savoir si elles avaient le mode d'emploi. Tout s'est mis en place naturellement en tenant compte de mes critères. L'amitié peut nous éduquer et nous élever. Nous rendre solides. Je me rappelle, par exemple, les moments passés avec les Chanteau à deviner les poids avec leur vieille balance à plateau. Ça m'intéressait follement. Tout comme l'actualité internationale que je découvrais chez Nénette. Avec elle, j'écoutais le feuilleton radiophonique *Michel Strogoff*. Entre mes parents, Nénette et le couple Chanteau, j'avais une large palette d'activités à ma disposition. Et je jouissais d'une grande liberté. Quelle chance d'avoir eu des parents qui ne m'ont pas privé de cet espace !

Je suis fort aise d'avoir des amis. Ils me sont précieux et, en leur compagnie, je n'ai pas de retenue. Pas de blocage. Pas d'interdit ou de pudeur inutile. Cette audace me vient de ma mère, Jeanne, et surtout de ma grand-mère maternelle, Fortunée. Une fois pour toutes, elle avait rayé le mot « gêne » de son vocabulaire. Quelle honte y aurait-il à demander un conseil, un service, une aide ? Ne pas exprimer un besoin de peur de déranger est stupide. Comment l'autre, qui serait probablement heureux de vous secourir, peut-il deviner votre embarras ? Fortunée avait fait table rase de tous ces salamalecs et j'ai retenu la leçon. Il faut faire confiance à son intuitivité. Être soi.

Il faut faire confiance à
son intuitivité. Être soi.

Qu'ils m'appellent, mes amis ! Et je saurai venir. Quel ami suis-je pour eux ? Me pensent-ils apte à endosser ce rôle qui n'est pas à prendre à la légère ? « Pour conserver un ami, nous dit Jean-Jacques Rousseau dans ses foisonnantes *Pensées et Maximes*, il faut devenir soi-même capable de l'être. » *A fortiori*, je suis à leur écoute comme je le suis, par ailleurs, de personnes totalement étrangères.

De mes amis, je n'attends rien. J'aime, dans ce domaine comme dans tant d'autres, me laisser surprendre. À l'attente, je préfère l'espoir…

Chapitre 7

Chagrins, petits ou grands, passez votre chemin !

Les chagrins, tout le monde en a, et ce qui peut les faire oublier ce n'est pas le vin qu'on boit, c'est le bonheur qu'on donne aux autres

Anatole France

Rarement, les blessures de l'âme m'ont meurtri… J'ai beau chercher, remuer les souvenirs, interroger ma mémoire et faire défiler les événements qui ont jalonné ma vie. Les accidents de la vie m'ont été épargnés ; je l'affirme sans vergogne. En ce qui me concerne, et au risque de me répéter, la cécité – je le redis à dessein –, ne saurait être considérée comme un accident. Un petit incident de parcours tout au plus. Je sais que certains voyants croient dur comme fer que ne pas/plus voir avec ses yeux est la source de bien des maux. Un réel malheur dont il est presque impossible de se consoler… Venir à bout de cette idée reçue relève du parcours du combattant, mais je ne baisse pas les bras. Ce que je vais dire n'engage que moi : C'est faux, archifaux ! Je martèlerai cette affirmation autant de fois que nécessaire, comme un pèlerin reprend son bâton inlassablement.

Dans notre monde, les voyants dominent ; ils mènent le jeu car ils sont en nombre. Je ne leur en fais pas grief, j'aimerais juste changer leur manière de VOIR, justement. Un manque d'information entraîne des supputations, des idées erronées la plupart du temps… Nous sommes tous néophytes devant la déficience d'autrui. Il s'agit simplement de se renseigner, de poser les vraies questions, de prendre le temps d'analyser la situation. Nous devons, d'autre part, apprendre à accepter l'aide dont nous avons besoin en toute humilité. J'aime aller à la rencontre de ces personnes qui sont différentes mais pas moins intéressantes pour autant. Cela fait partie des petits défis de la vie.

Pour vous faire sourire, je m'entends très bien avec les sourds… À ceux qui sont confrontés à un handicap qui survient sans crier gare et menace de bouleverser leur vie et les angoisse, j'explique que jamais ils ne deviendront une autre personne parce qu'ils ont perdu l'ouïe, la vue… J'entends leur désarroi, mais je sais intrinsèquement qu'ils ont en eux les ressources, les forces vives pour appréhender cette nouvelle donne et ne pas se laisser anéantir. Là, j'ai un rôle à jouer. Leur dire : « Tu resteras qui tu es avec ce petit plus de différence qui te rendra plus fort à partir du moment où tu le comprends » est ce que je peux leur transmettre de plus utile.

Nous sommes tous néophytes devant la déficience d'autrui.

« Et si le bon Dieu m'avait protégé en transformant un fardeau en une grande chance ? » Après tout, c'est peut-être ce qui m'est arrivé à moi aussi. Et s'il avait omis de m'envoyer des épreuves encore plus féroces, histoire de me tester, de voir comment j'allais m'en sortir après mon arrivée fracassante dans le monde ? Cette introspection que j'entreprends mérite que je m'attarde sur la question. Une vie lisse, sans explosions de joie, sans pics de bonheur, sans heurts, sans accrocs, ça n'existe pas. Ce serait illusoire de prétendre faire exception à la règle. Serais-je alors à ce point dans le déni ! Comment expliquer ce ressenti ? Cette perception forte et joyeuse des Choses de la Vie ? Parce que, justement, je les veux ainsi : jolies et joyeuses ! Et que je n'en fais qu'à ma tête ! Serais-je en train de me fourvoyer en affirmant que je traverse la vie, depuis plus d'un demi-siècle, le bagage et le cœur légers. Mon hyper-confiance dans la vie m'aurait-elle rendu naïf ? Pire, inconscient ? Je ne suis ni l'un ni l'autre. Mais je suis toujours tenté de me référer à ma sempiternelle chance. J'ai été bien loti et plutôt gâté. Je me connais par cœur.

Je fuis comme la peste les mauvaises ondes ; je contourne – quand c'est possible – les écueils, j'évite les embûches et les personnes toxiques. Tout ce qui a, de près ou de loin, l'apparence ou le goût de la négativité provoque chez moi l'éloignement. Et ça, c'est inévitable. Presque un réflexe. Je connais ma propension à éviter désagréments et contrariétés. J'en use et j'en abuse. Les déplaisirs ne sont pas faits pour moi. Je les réfute, les abhorre et les relègue à des années-lumière de mon quotidien… Je ne veux pas me laisser polluer par tout ce qui me gâcherait la vie. Je ne m'appesantis jamais – en tout cas, je fais tout pour – sur ce qui fâche, mine et anéantit. À ce petit jeu-là, on perd son temps, son énergie. Et pendant qu'on se démène, les belles opportunités vous passent sous le nez. Se battre et se débattre en vain est épuisant. Lutter contre des évènements inéluctables et contre lesquels on sait qu'on ne pourra rien nous rappelle notre impuissance. Alors, à quoi bon ? Et puis, l'impuissance, je n'aime pas beaucoup ça. Je veux avoir la maîtrise de mon existence. Bien souvent, nous avons le choix. Nous pouvons trouver en nous une solution pour nous en sortir. Et j'aime avoir le choix. Ne pas y croire ne serait-il pas le réel handicap ? Cette liberté de dire oui, de dire non, d'accepter ou de refuser, de faire ou de ne pas faire, c'est mon essentiel. La philosophie de vie que j'ai choisie. Je cultive cette liberté comme une fleur à la fois rare et fragile. Apprendre à dire non ne s'est pas fait en un jour ! Je peux confesser que cela m'a pris du temps. Beaucoup de temps. Maintenant que j'y suis parvenu, je peux affirmer que c'est la clé d'une harmonie… pas si difficile à obtenir *in fine*. C'est une manière de se préserver, de s'éviter de douloureux épisodes. C'est prendre soin de soi et de son entourage. Comme si je revêtais, à la moindre alerte, une carapace pour échapper à ce que je ne veux ni connaître ni éprouver.

Cette liberté de dire oui, de dire non, d'accepter ou de refuser, de faire ou de ne pas faire, c'est mon essentiel. La philosophie de vie que j'ai choisie. Je cultive cette liberté comme une fleur à la fois rare et fragile.

Nous connaissons tous l'expression « à quelque chose malheur est bon ». N'en abusons pas ! Certes, le malheur existe ; il s'invite dans nos existences et nous n'y pouvons rien. Nous en tirons parfois des enseignements. S'ensuivent alors d'ardentes résolutions, des décisions que nous voulons radicales et que nous tenons difficilement. Nous nous promettons d'aller à l'essentiel car la vie est courte. Nous envisageons de hiérarchiser les priorités. Pour ne plus souffrir pour des peccadilles et réserver nos chagrins à des choses et des êtres qui en valent la peine. Y parvenons-nous ? Le malheur s'apparente à un rite nécessaire, mais chez moi, il n'est pas près de prendre racine. Je ne le laisse pas faire. Ces peines, petites ou grandes, je les ai vécues à différents degrés. Comme tout un chacun. Elles m'ont effleuré ou cueilli de plein fouet, mais j'ai fait en sorte de les digérer. Surtout, je les ai voulues éphémères. J'ai refusé qu'elles s'incrustent. Elles ont vécu ce que vivent les roses, comme aurait dit le poète, et c'est bien ainsi.

Alors, oui, j'ai éprouvé de la peine quelques fois. Pour des événements majeurs ou des broutilles. Certaines sont liées à une incompréhension.

À deux ou trois reprises, j'ai constaté que le monde extérieur érigeait une barrière artificielle qui scindait nos deux univers : celui des voyants et des non-voyants. Comme si le fait de ne pas voir avec les yeux me privait par la même occasion de toutes les autres facultés. Je ne vois pas, alors je ne sais, je ne pige pas… Et, si je n'avais pas veillé au grain, on aurait fait sans moi. Je recadre, je remets les pendules à l'heure ; ça ne m'est jamais désagréable. Parce que, quoi qu'il advienne, je reste toujours dans le jeu ; je prends le temps d'expliquer avec beaucoup de calme. Et tant pis pour ceux qui ne comprennent pas !

Mais la peine, il est vrai que je n'ai pas d'autre choix que de la prendre.

D'autres tristesses tiennent plus de la déconvenue. Quand vous mettez, pendant des mois, toute votre âme dans la réalisation d'un nouvel album qui, selon la formule pudique et hypocrite, « ne rencontre pas son public », vous êtes étreint d'une peine intense sur le moment. Dans nos métiers de passion, tant de joies nous sont offertes. Il faut tolérer les déceptions. Tous les artistes en ont connu au moins une fois dans leur carrière. En réalité, cette peine n'en est pas une. Juste une frustration. Un échec. Appelons les choses par leur nom ! Apporter de la joie à un public fidèle depuis des décennies, vibrer à toute cette liesse et ces élans d'amour est déjà un miracle en soi. Un privilège. Une sensation grisante que bien des personnes n'ont pas eu l'heur de connaître. Ne pas savoir recevoir ce cadeau est une réelle offense à la beauté de ce que nous vivons. Le succès n'a rien de « normal » ; l'insuccès est plus courant en revanche. Personne ne nous a rien demandé. Le public ne nous doit rien. C'est nous qui avons voulu nous embarquer dans cette aventure palpitante, certes, mais pas sans risque. Il ne faut surtout pas s'accrocher à une bouée qui ne flotterait pas bien mais apprécier et remercier quand le bonheur est au rendez-vous. Soit, on assume et on garde la banane. Soit on tire sa révérence. Chanter est, pour moi, comme respirer. Le plaisir que me procure la musique, je pourrais l'éprouver avec la même intensité en chantant pour mes petits-enfants, mes amis, mes proches dans mon salon… C'est tout aussi louable que de le faire à titre professionnel.

Apporter de la joie à un public fidèle depuis des décennies, vibrer à toute cette liesse et ces élans d'amour est déjà un miracle en soi. Un privilège.

Évidemment, il y a eu des émotions bien plus fortes que celles provoquées par un disque resté dans l'ombre. Je suis, par exemple, chagriné de voir les grandes voix disparaître les unes après les autres : celles de Ray Charles, Whitney Houston, Aretha Franklin et, récemment Charles Aznavour. Fort heureusement, lorsqu'il s'agit d'artistes, nous avons des enregistrements pour nous souvenir, nous replonger dans une atmosphère et nous bercer de leur talent. Pour les êtres anonymes, c'est différent. Il y a le manque de la voix que l'on comble difficilement mais heureusement, de nos jours la technologie et la conservation des éléments nous offre la conservation de précieux trésors audio et vidéo.

J'ai eu le cœur serré le jour où, il n'y a pas si longtemps, je suis allé à la rencontre d'un adolescent dans un service d'oncologie. Il est simplement question de répondre à une demande, un besoin, un appel. C'est la récompense suprême d'exercer un métier public. C'est un privilège. M'adresser à ce jeune qui vivait les derniers instants de sa vie terrestre, lui prendre la main, a été tout à la fois émouvant, éprouvant. Je me suis senti utile, investi d'une mission. Je l'ai accompagné. J'ai fait avec lui un tout petit bout de chemin. Et si je l'avais aidé à passer de l'autre côté ? Vers la lumière. Ce garçon est peut-être parti un peu plus serein, qui sait ? Cette visite mémorable et d'autres faites à des enfants en pédiatrie-oncologie m'ont empli de la même plénitude. Les mots cancer, leucémie, oncologie, chimiothérapie… font peur mais les échanges avec les personnes attrapées dans les filets de la maladie ne m'effraient aucunement. Bien sûr, cela m'a fait de la peine, de voir ces êtres innocents et fragiles confrontés si injustement à la maladie. La souffrance des adultes ne m'enchante pas, certes, mais elle a une tout autre résonance. Elle me paraît moins dramatique que celle qui est imposée à des enfants dont beaucoup sont tirés d'affaire, bien heureusement, rappelons-le ! Ces petits n'avaient rien à faire d'un artiste dont ils n'avaient jamais entendu parler. Ce qui importait, c'était de leur apporter du plaisir, d'entendre leurs petites mains, et quelques notes de musique sur mon clavier accompagnant la douceur de leurs mélodies enfantines. Rien ne me plaît plus que d'intervenir dans un environnement, un pays ou une situation où on ne me connaît pas car je peux vraiment évaluer ce que je vaux. Garder la tête bien ancrée dans la réalité est primordial. Si j'osais la formule, je dirais qu'il n'est jamais bon de se perdre de vue. C'est ouvrir la voie à bien des errements dont on peut parfois ne pas revenir…

Le jour où papa nous a quittés a marqué ma vie du sceau du chagrin, le vrai, l'intense, cela va sans dire. Dans la petite église bourrée à craquer, lui le catholique d'origine mais authentique « bouffeur de curés », a dû se demander ce qu'il faisait là. Maman avait pris cette décision et je l'ai respectée. Je me suis mis à l'harmonium et j'ai improvisé pour lui. Pour lui dire de toute mon âme de musicien tout ce que je n'ai pas su lui dire avec les mots. La musique était notre langage. Même si je n'ai pas le culte du regret, je déplore de ne pas avoir donné à mes parents autant que j'aurais voulu, autant qu'ils le méritaient. Eux n'ont pas été avares de leur amour. Le jour où maman s'en est allée a véritablement été l'un des plus forts chagrins qu'il m'ait jamais été donné de surmonter. Perdre notre mère, quel que soit l'âge auquel survient le deuil, est une épreuve singulière qui nous fait redevenir un enfant. C'était d'autant plus difficile à vivre que j'étais censé me produire sur scène, du côté de Bordeaux, le soir même de sa mort. J'ai cependant refusé d'annuler mon concert. Elle qui aimait tant la vie, qui avait œuvré, rusé et même manigancé pour la rendre, sinon belle, au moins plus supportable, aurait détesté me savoir anéanti. Le chagrin qui m'a étreint ce jour-là ressemblait à celui qui cueille chacun d'entre nous en pareilles circonstances. Mais le fait de devoir aller chanter, apporter du swing et de la gaieté – ma marque de fabrique, il faut bien le dire –, a été une autre paire de manches. Chaque parole résonnait différemment et la chanson prenait une tout autre dimension. Michel Serrault, Jean-Paul Belmondo ou d'autres artistes ont choisi de surmonter la douleur de la perte d'un enfant en montant sur les planches. J'ai compris après coup ce qu'ils ont enduré. Nous ne sommes pas des héros, juste des êtres qui ont trouvé, pour quelques heures, un peu de répit. Une respiration. Une échappatoire. Donner du bonheur aux autres nous extrait de notre propre souffrance. Mais je garde de ce gala le souvenir d'une douleur cinglante... Je ne dirais pas que j'ai « perdu » mes parents, car je n'ai rien perdu de leur amour. Je préfère dire qu'ils ont quitté ce monde.

D'ailleurs, ce qui peine, ce n'est pas tant le départ des êtres chéris que leur statut qui change instantanément. Comme celui du bébé qui, à l'époque où j'étais en couveuse, n'était pas une personne à part entière, le mort est déjà considéré comme ne faisant plus partie du paysage. L'expression « c'est mort » pour dire que c'est fini, que cela ne compte plus, est évocatrice.

Donner du bonheur aux autres nous extrait de notre propre souffrance.

Moi, j'aime parler à un défunt, comme cela a pu m'arriver pour des membres de ma famille décédés. Lorsque je m'adresse à la personne avant qu'elle ne parte pour le grand voyage, je sens des vibrations dans la main ou l'épaule que je touche ; tout ne s'arrête pas à ce stade, une autre vie l'attend. Peut-être est-elle heureuse de m'entendre. Je m'attache à lui dire combien je l'ai aimée et continuerai de l'aimer, à lui demander de prier pour moi.

Me rendre sur une tombe me frustre car j'entame un monologue que je voudrais tellement voir transformer en une réelle discussion. Monologue, que j'ai pu avoir avec Papa et Maman qui ont eu la chance de reposer dans leur lit, à leurs morts respectives, dans la maison de l'Allier. J'engrangeais les tout derniers moments où je pouvais leur parler. Pour retenir un peu l'instant ultime où je ne pourrais plus les toucher physiquement... Fort heureusement, une autre forme d'échange peut s'instaurer. Échange non palpable, non sonore mais échange tout de même. Très souvent, ce qui ne se voit pas, ne s'entend pas, reste fascinant malgré tout. L'émoi ressenti relève du spirituel.

C'est précisément à cet instant, à la fin de cette introspection – voyage – entrepris depuis le début de cet ouvrage, qu'après avoir tutoyé la mort, je veux m'adresser à Toi, MA VIE :

« Tu raisonnes d'une tellement belle façon ; ouverte, souriante et pleine de promesse.
Oh ! Je ne suis pas à ce point naïf pour prétendre que tes promesses ne seront que douces mais je sais trop bien, qu'elles sont très loin de n'être qu'amères.
Je veux donc te remercier, tout simplement. Tu as cru en moi et j'ai foi en toi, pour la vie ! »

Et si j'étais né pour être un *survivor* ? Tout porte à le croire. Une fois la peine estompée ou vaincue, la sensation d'être vainqueur d'un état, d'une situation, l'emporte. Moi qui n'écris jamais – du moins pas votre écriture qui me semble si difficile avec ses pleins, ses déliés, ses boucles et ses barres –, je gomme et j'efface à tout-va les chagrins, petits ou grands. Ils ne hantent ni mes jours ni mes nuits. Mais je n'élude pas qu'ils s'immiscent et se faufilent ça et là dans nos existences. Le grand William Shakespeare, qui disséquait avec tant d'acuité les sentiments humains, disait : « Rarement le sommeil visite le chagrin ; quand il daigne le faire, c'est un consolateur tout-puissant. » Je ne peux que lui donner raison.

Épilogue

Et si la vie nous était plus douce…

Il faut étendre la joie, mais retrancher autant qu'on peut la tristesse

Michel de Montaigne

En plongeant dans les abîmes de ma première vie, sans filet, sans savoir ce qu'il fallait en attendre, j'ai vécu une expérience incomparable. Ainsi, j'ai revisité les énergies, les atmosphères, les odeurs, les sonorités, les sensations. J'ai compris mes questionnements et mes craintes aussi. Cette balade façon « Retour vers le futur » a attisé mon incorrigible curiosité qui s'immisce partout depuis le premier jour. Elle m'a passionné, bouleversé mais aussi conforté dans l'idée que j'étais un sacré chanceux. J'ai compris combien mon chemin de vie avait été sensationnel – et il continue de l'être ! J'ai, pour ainsi dire, (re)fait connaissance avec moi-même. « Prends pour te connaître le temps qu'il faudra... Rien qu'à te connaître, tu voyageras », dit un proverbe chinois. C'est exactement ce qui m'est arrivé : j'ai entrepris un voyage imprévu, inédit, riche d'enseignements et d'émotions. Un voyage qui m'a mené beaucoup plus loin que je ne l'imaginais... Tous les liens tenus avec la Vie se sont créés au stade utérin, j'en suis persuadé. Tout s'est joué là. Et la moindre des politesses était, une fois sorti d'affaire, de jouer le jeu. De prendre la Vie à bras-le-corps. Cette introspection m'a permis de découvrir qui j'étais réellement et pourquoi j'étais devenu l'homme que je suis aujourd'hui. En pleine conscience. Cela m'a éclairé sur ma condition et ma bonne fortune. Comme si j'avais pu me dédoubler et me projeter le film de cette première aventure quand j'habitais dans ma boî-boîte. Et, à l'issue de ce périple extraordinaire – au sens étymologique du terme – cela a jailli comme une évidence : cette première étape de mon existence m'a indéniablement construit. Autrement et en profondeur. Elle a forgé mon caractère, m'a insufflé force et détermination qui ne me quitteront qu'à mon dernier souffle. Mais rien ne presse !

Qui peut le plus peut le moins, dit l'adage. Le pire étant derrière moi, je ne pouvais que goûter tout le sel de ma deuxième vie… Car, oui, je me considère comme un privilégié ; j'ai eu deux naissances. Deux opportunités de venir au monde. La première fois pourrait s'assimiler à une répétition ; j'avais passé le test qui me donnait le droit à ma première vie. J'avais fait mes preuves, en quelque sorte, pour aborder la deuxième avec délice, sérénité et avidité. Et autant vous dire que je me suis régalé et que je me délecte chaque jour que Dieu fait. Cette singularité a probablement permis que je vienne sur Terre avec davantage de bienveillance, de tolérance que je ne l'aurais sans doute fait si j'avais eu une naissance « normale ». N'allez pas croire que je m'érige en être parfait, en donneur de leçons qui sait. Sage, j'espère ne pas l'être totalement, mais cette épreuve m'a façonné. À cause d'elle et grâce à elle, je suis certainement devenu un être plus sensible, plus ouvert aux autres, plus à l'écoute de mes semblables. Comme peut-être j'aurais aimé qu'ils le soient quand, plus jeune, je me sentais différent, un peu seul. Mais comme il ne faut compter que sur soi-même, je n'ai aucunement souffert de mon statut de « ch'tit gars qui voit pas clair ». Comme je suis doué pour la Vie – mais pas un surdoué, tout de même –, cet apprentissage ne s'est pas fait en un jour.

En refaisant le chemin à l'envers, j'ai compris que cet excès de positivité, de positivisme, devrais-je dire, pouvait surprendre, voire agacer. D'aucuns, incrédules, ont pu certainement croire que je feignais. Que je surjouais. Peu importe. Pour moi, la bouteille d'eau sera toujours à moitié pleine et cela ne date pas d'hier. C'est ma marque de fabrique. Cette ode à la Vie guide chacune de mes journées. Ma femme Nikole, mes enfants, mes amis savent que j'aime apaiser, rassurer, encourager, tempérer, distiller des pensées positives. Il leur arrive parfois de se moquer gentiment de mon côté « ravi de la crèche », de parfait bisounours. Les personnes qui me font l'amitié de me suivre depuis cinquante ans, de m'écouter et de m'apprécier le savent aussi. Certaines le devinent. D'autres le ressentent intrinsèquement et me sollicitent lorsqu'un problème survient dans leur vie. Juste pour le plaisir de l'échange et du partage. Et vous savez quoi ? Cela me touche, m'émeut au plus haut point.

Pourquoi moi ? Parce qu'ils me font confiance ? Le mot est lâché. Avec mes yeux tout cassés – et pour toujours –, je ne perds pas de vue que nous avons besoin les uns des autres. Alors, aidons-nous ! Je fais mienne la réflexion de l'écrivain québecois Victor Lévy-Beaulieu : « Un homme seul ne peut rien, il lui faut l'appui de ses semblables pour arriver là où il doit aller. » Si je peux venir en aide à un être qui perd pied, qui s'interroge tout simplement, si je peux lui donner un avis, un conseil, lui faire partager mon expérience, mon feeling, je suis heureux. Je ne suis ni psy, ni médecin, ni gourou et encore moins disponible 24 h/24… Je ne peux répondre à tout le monde, je ne sais pas guérir tous les maux et je n'ai pas de solutions à tous les problèmes, mais je sais écouter. J'ai le goût des autres et j'en suis fort aise. Je croise ça et là des parents d'enfant en situation de handicap et pas seulement des Z'aveugues… Et je constate 9 fois sur 10 qu'il ne leur manque qu'une seule chose pour franchir la ligne d'arrivée : la confiance en eux. Cette confiance que mes parents ont eue et qu'ils m'ont transmise. Et, à mon sens, c'est la clé du bonheur. Après toutes les épreuves surmontées, le dernier kilomètre est souvent le plus compliqué à parcourir. Il faut parfois puiser dans ses toutes dernières forces, que l'on croit disparues, pour donner le coup de talon au fond de la piscine et remonter à la surface. Avoir, à maintes reprises, impulsé ce regain d'énergie et réanimé la petite flamme, m'apporte un réel bien-être. Rien d'extraordinaire. Juste une douceur. Comme une caresse. Cette force intérieure qui s'est construite en moi, je l'ai cultivée pour survivre, au premier chef, puis pour mes enfants et mes petits-enfants. Mais si des personnes qui me sont étrangères – et pourtant si proches, d'une certaine manière –, veulent bien s'en inspirer, la capturer, j'en nourris une satisfaction réelle. Distiller le bonheur par un mot bienveillant, un sourire, une main posée sur une épaule, une chanson, quelques notes de musique, ne coûte pas cher et ne prend que trois minutes de votre temps.

J'ai compris qu'il ne fallait jamais refuser une main tendue, comme cela a pu m'arriver étant adolescent, et surtout savoir offrir la sienne.

Je me remémore ces drôles de machines qui jalonnaient les fêtes foraines de mon enfance.

Dans un boucan métallique, elles crachaient, contre monnaie sonnante et trébuchante, babioles et autres colifichets. Sur la petite boîte en carton qui leur servait d'écrin, était inscrit un slogan accrocheur… pas si bête que ça : « Plaisir d'offrir, Joie de recevoir ». Il faut bien l'avouer, donner est un acte un peu égoïste car il procure davantage de plaisir que le fait de recevoir un cadeau même somptueux.

Cette ode à la Vie guide chacune de mes journées.

La cécité, comme j'entends souvent le dire, est un pépin pour vous les voyants. La maladie ne serait-elle pas le vrai pépin ? Si, comme tant d'autres, je dois faire face à un grave problème de santé, je voudrais être en capacité de me dire, sur mon lit de souffrance : « Eh bien, quelle chance j'ai eue ! Dire que j'ai vécu tout ça ! » Et remercier la force invisible qui a mis tous ces êtres merveilleux sur mon chemin et permis de vivre tant de moments exceptionnels. Au lieu de nous lamenter sur ce qui s'envole et nous quitte et nous chagrine, apprenons à savourer ce qui nous est offert ! À attraper tous ces petits bonheurs qui nous tombent dessus comme des poussières d'étoiles qui nous font vibrer et font briller nos existences. Pour quelques secondes. Trois jours. Dix ans. De tout temps, philosophes, poètes, écrivains nous ont tenu le même discours. Les avons-nous écoutés au fil des siècles ? Pas sûr ! « Cueillez dès aujourd'hui les roses de la vie » : la leçon de Pierre de Ronsard est intemporelle. Plus contemporaine, la parole de Christian Bobin nous recentre sur l'essentiel. « Voir, entendre, aimer. La vie est un cadeau dont je défais les ficelles chaque matin, au réveil. » C'est exactement ce que je ressens chaque jour.

Je laisse le mot de la fin à Frédéric Lenoir, philosophe, sociologue et historien des religions : « Cultivez la gratitude. Remerciez la vie pour tout ce qu'elle vous donne de bon. La santé, l'amour, l'amitié, le travail. Et, lorsque vous perdez ces choses précieuses, remerciez encore la vie des obstacles qui vous sont envoyés pour vous faire grandir, pour vous apprendre l'humilité ou le détachement, pour vous faire voir ce que vous ne vouliez pas voir. Vivre dans la gratitude, c'est vivre le cœur grand ouvert, en résonance avec l'âme du monde. Alors, tout est grâce. »

Remerciements

« Je tiens tout particulièrement à remercier ma rédactrice de choix, Isabelle Gaudon, pour l'écoute qu'elle a su m'apporter et la reproduction intégrale de mes confidences, ceci avec toute la sincérité et sensibilité qui l'honorent. »

Gilbert Montagné

Cet ouvrage a été mis en pages par

<pixellence>

CET OUVRAGE
A ÉTÉ ACHEVÉ D'IMPRIMER
SUR ROTO-PAGE
PAR L'IMPRIMERIE FLOCH
À MAYENNE EN OCTOBRE 2018

N° d'édition : L.01EPMN001025.N001. N° d'impression : 93336
Dépôt légal : novembre 2018
Imprimé en France